晋

廉政文化读本

○○○

俭与德共

司马光

李金山 ◎ 著

山西出版传媒集团 北岳文艺出版社
BEIYUE LITERATURE & ART PUBLISHING HOUSE

图书在版编目（CIP）数据

俭与德共司马光 / 李金山，薛百春编著. -- 太原 : 北岳文艺出版社，2015.11
ISBN 978-7-5378-4602-8

Ⅰ. ①俭… Ⅱ. ①李… ②薛… Ⅲ. ①司马光（1019～1086）－人物研究②廉政建设－中国－干部教育－学习参考资料 Ⅳ. ①K825.81 ②D630.9

中国版本图书馆 CIP 数据核字（2015）第 264010 号

书名：俭与德共司马光 | 编著：李金山 | 责任编辑：孙　茜
书籍设计：张永文

出版发行：山西出版传媒集团・北岳文艺出版社
地　　址：山西省太原市并州南路 57 号
邮　　编：030012
电　　话：0351-5628696（发行部）
　　　　　0351-5628688（总编室）
传　　真：0351-5628680
网　　址：http://www.bywy.com
E - mail：bywycbs@163.com
经 销 商：新华书店
印刷装订：山西万佳印业有限公司

开　　本：700mm×1010mm　1/16
字　　数：115 千字
印　　张：10.5
版　　次：2015 年 11 月第 1 版
印　　次：2021 年 1 月山西第 2 次印刷
书　　号：ISBN 978-7-5378-4602-8
定　　价：38.00 元

目 录

第一章 司马光传略

司马光（1019年11月17日—1086年10月11日），字君实，号迂叟。北宋陕州夏县涑水乡（今山西运城安邑镇东北）人，出生于河南省光山县，世称涑水先生。他的父亲司马池，官至天章阁待制（皇帝的文学侍从官，从四品）。

司马光像

有子初成

司马光（1019 年 11 月 17 日－1086 年 10 月 11 日），字君实，号迂叟。北宋陕州夏县涑水乡（今山西运城安邑镇东北）人，出生于河南省光山县，世称涑水先生。他的父亲司马池，官至天章阁待制（皇帝的文学侍从官，从四品）。

司马光五六岁的时候，有一次他拿了一只青胡桃，请他姐姐帮忙剥掉胡桃的皮，姐姐忙了半天也没有剥下皮，就生气地走开了。

一会儿后，家里的女佣过来，知道司马光想吃胡桃，就舀来一碗开水，把青胡桃放进水里。胡桃经开水一泡，很容易皮就剥下来了。司马光的姐姐从里屋出来，看见他在吃胡桃，就问胡桃皮是谁剥的。司马光说："当然是我剥的，我想了个办法，用开水一泡，这皮就剥下来了。"

正在这时，司马池走进屋来，狠狠地训斥说："你这孩子，怎么能说谎话！"原来，女佣替司马光剥胡桃皮的情景，恰好被父亲在窗外看得一清二楚。

司马光知道自己错了，马上低下了头。从此，他牢记父亲的教诲，老老实实做人，再也不撒谎了。这件事是司马光成长过程中的一个标志性事件，对他日后诚实守信品格的形成，有着非同寻常的意义。

司马光的史学天赋，在这时已有表现。他七岁时听人讲了《左氏春秋》，很有心得，回去便给家人讲解。还别说，他小小年纪竟然讲得头头是道，无疑得到了父亲司马池的夸赞。这句经意或者不经意的夸奖，影响了司马光的一生。从此，司马光对史书产生了浓厚的兴趣，司马光经常手不释卷，以至不知饥渴寒暑。这大概也是古代赏识教育的一个成功范例。

砸缸的故事，也发生在这一年。当时司马光正和许多小孩子一起玩耍，院里有一口消防用的大缸，里边蓄满了水。不知道他们在玩什么，反正比较淘气的一位就上了瓮沿，一个不小心失足掉进了瓮里。孩子们都吓坏了，四散逃去。司马光没有，他迅速找到一块大石头，端起，然后用力向那口大缸砸去。缸破了一个大洞，水从那个大洞奔涌而出。掉进大瓮的小孩子因此得救。当时的东京汴梁和西京洛阳一带，有人把这件事绘成图画，取名《小儿击瓮图》，风行一时，流传甚广。

宋仁宗宝元初年，司马光考中进士甲科，时年刚满二十岁。照例，皇帝对新科进士要赐宴（称闻喜宴），参加者要簪花（把花插在帽檐上），这是特殊的荣耀。但司马光生性不喜华丽奢侈，闻喜宴上唯独他不戴红花，同伴悄悄提醒他："这是皇帝的赏赐，可不是闹着玩的。"无奈，他才插上了一枝花。

司马光一开始被任命为奉礼郎（时为虚职，从八品），后出任华州（今陕西华县）判官，一年后因父亲调往杭州任职，于是司马光要求改任签苏州判官事以便侍亲，得到朝廷准许。此后，司马光的父母先后辞世，他守丧多年，因过度悲伤，身子骨瘦得不成样子。丧满，司马光 26 岁，任签书武成军判官事，改任大理评事（相当于司法调研员，正八品），补任国子直讲。枢密院副使庞籍与司马池是故交，于是推荐司马光为馆阁校勘，同知礼院（礼院副职，正七品）。当时是仁宗皇帝当政，仁宗赵祯是史上最厚道的皇帝，天性仁孝，对人宽厚和善，但宽仁必然少断，只要是非原则问题，皇帝处理的办法就是和稀泥。

司马光做事讲究名正言顺，不随大流，特别爱提意见。仁宗皇帝亲信的宦官麦允言去世，朝廷准备给以仪仗队。司马光提意见说：“古时诸侯佩着辂马的带饰去朝见天子，孔子尚且认为不可。麦允言只是皇上的亲信近臣，没有至伟的功劳，而赠以三公的官职，给予一品官待遇的仪仗队，这就太不合适了。”至于皇帝听了没有，不得而知。郑国公夏竦去世，皇帝准备赐谥号“文正”。 北宋时初年的几位大臣，像李昉、王旦都被谥为“文贞”。到宋仁宗的时候，因为宋仁宗叫赵祯，为了避讳，“文贞”改为“文正”。司马光认为文正是谥之极美，无以复加，而夏竦是配不上这个谥号的。众所周知，夏竦有文武才，政事、文学都有建树，是一代名臣、学士。但是夏竦为人贪婪阴险，陷害名臣欧阳修、富弼，搜刮很多钱财，畜养了很多乐伎。总之，夏竦这个人私德有亏。这次，皇帝和了把稀泥，“文正”改为“文庄”。司马光也加官集贤校理（宫廷藏书校对员，从六品）。

应庞籍的征召，司马光任并州通判（知州副手）。麟州（今陕西神木）屈野河西有很多良田，西夏人蚕食这块地方，成为河东大患。庞籍命令司马光前去按察巡视，司马光建议：“如果在河西修筑两个城堡，派兵驻守，同时招募百姓耕种，粮食多了，价格就会便宜，可以渐渐消除河东高价买进粮食远距离运输的忧患。”庞籍采纳了他的建议。要说这条建议是不错，但好的政策也得有合适的人执行才可收效，偏偏麟州将领郭恩恃勇轻敌，率千余人出城，直奔河西，前无侦察，后无策应，中无部队，只带酒食，不做战备。他们过了屈野河，走到一个叫忽里堆的地方，遭到伏击而大败。庞籍因此获罪去职。司马光三次上书自责引咎，朝廷只是表面上追究了庞籍的责任，不久庞籍重获重用，司马光自然无事。庞籍死后，司马光侍庞妻如母，待庞子如弟，从中可以看出司马光是一个知道感恩之人。

接着，司马光改任直秘阁、开封府推官。当时交趾（今越南）进贡异兽，叫作麒麟。司马光认为异兽对治理好这个国家百无一用，完全是在浪费；不如用伺候它们的费用，实实在在为国家做些有用的事情。说："是真是假还不知道呢，即使是真的麒麟，不是它自己来的，不足以作为祥瑞之兆，希望归还他们的贡物。"还献上一篇赋调侃这件事。

仁宗嘉祐六年（1061年），司天监上奏：六月初一京师将出现日食，为六分半。按照惯例，日食被阴云遮蔽，或者实际的程度不及预测的多，公卿百官都要奉表称贺。五月二十八日，同判尚书礼部司马光上《日食遇阴云不见乞不称贺状》，认为日光所照，遍布华夷，阴云所蔽，极近且狭。如果太阳实亏，被浮云遮掩，即使京师看不到，四面八方总有人能看到，这是极深的天戒，不可不察。四方不见京师可见，祸还比较浅。四方都可见而京师不得见，祸就渐深了；太阳象征着人君，天意大约是说人君为阴邪所蔽，灾祸显著，普天下都知道危险，只有朝廷一无所知。以此说来，人君尤其应当警惕，忧念社稷。而群臣相率称贺，怎可说不是上下蒙蔽，欺骗天谴？至于日食没达到预测的程度，只能说明历官术数不精，计算不够准确，应当治罪，也不是值得庆贺的事情。司马光最后说：臣职在礼部，掌群臣庆贺章表，不敢不言。

被任命为同知谏院后，提意见成了司马光的本职工作，真可谓人尽其才。嘉祐六年八月二十五日，仁宗亲赴崇政殿，策试参加贤良方正、能直言极谏。参加考试的有著作佐郎王介、福昌县主簿苏轼以及渑池县主簿苏辙。苏轼的对策入第三等，王介第四等，没有争议；但轮到讨论苏辙试卷时，大家的意见出现分歧。

苏辙的对策言切要率直，大意上说：自从北方息兵，陛下就弃置了忧惧之心，二十年了。古之圣人，无事时常存忧虑，并提前有所预备，所以有事的时候就不恐惧。无事时的忧虑，是为了有事时的不恐惧。现在陛下无事就不无忧，一旦有事，又恐惧失措，臣以为，这不合适。臣听说，近年以来，后宫嫔妃，至以千数。坐朝时没听到征询谋划，在便殿也无所咨访。都是女宠害的。对内则伤害身体，对外则蛀蚀国家，败坏政治。陛下不能说在宫内好色不妨害处理政务。如今国家穷困，百姓怨苦，而宫中赏赐毫无节制；想要就给，大臣不敢谏，司会不敢争。国家内有养官员、养军队的费用，外有给契丹、西夏的进奉，陛下又自挖一大坑消耗剩下的财物，臣恐怕陛下将因此受到毁谤，民心不归。主考官胡宿认为苏辙无中生有、恶意诽谤，打算黜斥。司马光看了苏辙的问答后说："苏辙有爱君忧国之心，不宜黜斥。"争执到皇帝那里，仁宗又和了把稀泥，下诏把苏辙放在末等。

皇帝家事

仁宗育有三子，可惜都早夭，所以迟迟没有立太子，天下人忧心忡忡，但不敢作声。谏官范镇首先提出这个问题，建议皇帝早立皇储，司马光在并州听到后接着提出建议，并且写信勉励范镇以死相争。现任同知谏院，还恰好赶上皇帝生病，司马光认为有义务旧事重提，便面陈皇帝说："我过去任并州通判时，关于立储，曾上呈了三个奏章，希望陛下果断切实实行。"仁宗沉思了很久，说："莫非是想选择宗室作为继承人吗？这是忠臣之言，只是人们不敢提及而已。"司马光说："我说这事，自己认为必死无疑，想不到陛下如此开明并采纳。”仁宗说：“这有什么害处，古今都有这样的事。”

司马光退下后一直没有听到准信，又上疏说：“我从前进呈建议，估计马上会实行，现在寂无所闻，未见动静，这一定有小人说陛下正当壮年，何必马上做这种不吉利的事情。小人没有长远的考虑，只是想在匆忙的时候，援立与他们关系很好的人而已。‘定策国老’‘门生天子’的祸害，陛下不得不防啊！”仁宗大为感动地说：“把此疏送往中书省。”司马光见到韩琦等人说：“现在不及时决定皇位继承人这件事，将来万一皇帝驾崩，禁宫中夜半传出寸纸片言，以某人为皇嗣，那么天下人不敢违抗，诸公要考虑清楚。”韩琦等拱手说：“不敢不尽力而为。”

历史总是惊人的相似，近百年后，岳飞也面临着同样的问题——宋高宗赵构也久久未立太子，岳飞向高宗提议立其养子赵瑗（即宋孝宗）为皇储，遭到高宗呵斥。后来岳飞屈死冤狱，与此次进言也有着微妙的联系。对比岳飞和司马光的不同际遇，真是让人无限唏嘘。

不久，诏命皇室赵忠实（即宋英宗）为宗正，忠实谢辞不就任，于是立他为皇子，更名为赵曙，他又称病不入宫。司马光很佩服赵曙的胸怀，越发觉得此人是国君的不二人选，就给仁宗出主意说：“皇子辞谢不可计量的富贵，竟至于十天一月之久，可见他的贤能远胜他人。按照古礼，父亲命令儿子，儿子就得照做；皇帝命令臣子，臣子就得执行。希望陛下用父子君臣大义责成皇子，说他应当而且必须入宫。”赵曙只好接受了当皇子的诏命，并告诫舍人说：“谨慎地守好我的屋舍，皇上有了后嗣，我就回来。”

仁宗的大女儿兖国公主嫁给了李玮，但两人合不来，皇帝下诏把李玮调到卫州，李玮的母亲杨氏归其兄长李璋照顾，公主入居禁宫之中。司马光说：“陛下怀念章懿太后，所以让李玮匹配公主。如今李玮母子天各一方，家事穷困潦倒，难道皇上对他家已无顾念之心了吗？再说，李玮已经遭黜斥，公主就没有一点责任吗？兖国公主仍旧住在皇宫之内，这对李家不公平。”仁宗醒悟，降公主为沂国公主，对待李氏的恩泽不减。

皇帝的充媛董氏去世，赠为淑妃，罢朝持服吊丧，官员们送柩下葬，决定谥号，实行封册之礼，出葬赐给仪仗队。司马光说：“董氏品秩本来微贱，临死时才拜为充媛。古代妇人没有谥号，近代制度也只有皇后才有。仪仗队本是用来奖赏军功，不曾施给妇人。唐代平阳公主因有举兵辅佐唐高祖平定天下的功劳，才得以赐给仪仗队。到韦庶人时开始后妃、公主出葬那天都给予鼓乐，这有违礼法，不足以效仿。”当时有司决定后宫封赐追赠的办法，皇后与妃子都追赠三代祖先，司马光说：“妃子不应与皇后同制，袁盎撤除慎夫人的席位，正是因为这个原因。天圣亲临郊外祭祀，太妃只追赠二代，何况是妃子呢？”

后来仁宗提拔司马光为知制诰。知制诰，隶属学士院，即翰林院，“掌制、诰、诏、令撰述之事”，皇帝“乘舆行幸，则侍从以备顾问，有献纳则请对，仍不隔班。凡奏事用榜子，关白三省、枢密院用谘报，不名”，相当于皇帝的高级秘书兼顾问。翰林学士院的长官为翰林学士承旨，但“不常置，以学士久次者为之”，是个论资排辈的位置。以他官入院未授学士，叫做直院；学士空缺，以他官暂行院中文书，叫做权直。宋代有专门给皇帝讲读经文的经筵官，又称讲读官。讲读官有翰林侍读学士、侍讲学士、侍读、侍讲。学士院可以说就是宰相的摇篮。司马光坚决不干，前后辞让达九次之多。最后，朝廷改任他为天章阁待制兼侍讲、知谏院。

由于仁宗的宽仁寡断，再加上和稀泥，在他亲政的三十年中，两府大臣换了四十余人，都是屡进屡退，大臣一遭到弹劾就换人，俩人互相攻击就双双下岗，君臣不力就换宰相。这有点像现在的中国足球队，前锋不行换前锋，后卫不行换后卫，球场打架的开除，要是还不行就换教练。结果造成即使贤者在位，因不能安于其位，也无法施其才能，做出成绩。这样朝令夕改，一反一复，使“吏无适守，民无适从”，让下面的人感到无所适从，什么事也办不成。司马光对此很是着急，却也束手无策。

嘉佑八年（1063 年）三月二十九日，五十四岁的宋仁宗去世了，大宋朝野上下莫不哭号，举国哀痛。《宋史》记载：“京师罢市巷哭，数日不绝，虽乞丐与小儿，皆焚纸钱哭于大内之前”；宋仁宗赵祯驾崩的讣告送到辽国后，“燕境之人无远近皆哭”，时为辽国君主的辽道宗耶律洪基也大吃一惊，冲上来抓住宋国使者的手号啕痛哭，说：“四十二年不识兵革矣。”又说：“我要给他建一个衣冠冢，寄托哀思。”辽国历代皇帝“奉其御容如祖宗”。皇帝当到如此地步，宋仁宗不愧一个“仁”字。

四月初一，曹皇后发布遗诏，让赵曙继承皇帝位。文武百官进入宫廷，痛哭哀悼。韩琦读仁宗遗诏制命。赵曙到东殿接见文武百官，（赵曙）正式即位，是为宋英宗。四月初二，大赦天下，赐给百官爵加一等，奖赏各军。

赵曙想为仁宗守丧三年，命令韩琦代理军政事务，宰相大臣等不答应，赵曙才收回成命。四月初四，赵曙生病，派韩贽等人向契丹报告英宗即皇帝位的消息。四月初五，尊奉曹皇后为皇太后。四月初八，下诏请求皇太后共同处理军国要事。四月十四日，皇太后到小殿垂帘听政，宰臣又到小殿帘前上奏国事。四月十四日，制作受命宝印。四月十六日，任命皇长子赵顼为安州观察使、光国公。

司马光上疏说：“过去章献明肃皇太后有保佑先帝之功，只因亲用外戚小人，受到天下人的攻击。现在正是摄政之际，大臣中忠实厚道的如王曾，清正纯明的如张知白，刚果正直的如鲁宗道，朴质正直的如薛奎等人，应当信任重用；猥琐庸俗的如马季良，谗言谄媚的如罗崇勋等人，应当疏远他们，这样天下才会信服。”

仁宗遗赐钱物价值一百余万，分赏朝中众臣，司马光带领同僚们多次上奏章，认为：“国家有大忧患，中外困窘贫乏，不可以专用乾兴故事。如果遗赐不可以辞谢，应当允许侍从向上进献金钱以佐助山陵之用。”朝廷没有允许。司马光于是用他所得的珠宝作为谏院的公使钱，把黄金赠送给舅氏，意思是家不藏财。皇太后还政，有关部门确立法式，规定凡是皇太后有所取用，应当审核详情，重行上奏才予供给。司马光说：“应当把属于她的那部分划她使用，并开列数目告诉太后，以防矫诏伪造。”

曹佾无功而被任命为使相，中书省、枢密院两府都迁升官职。司马光说：“陛下想用此来安慰母后之心，但迁升任官没有名义，那么宿卫将帅、内侍小臣，一定会有非份的奢望。”不久升都知任守忠等人的官职，司马光再次争论：“任守忠是个大奸之人，陛下为皇子，不是任守忠的意思，相反他败坏大事，百端离间，幸好先帝没有听他的话；等陛下嗣立皇位，他又变化无常交相图谋，是国家的大奸贼。请求把他斩首于都市，以谢天下。”后来皇帝责贬任守忠为节度副使，安置蕲州。天下为之大快。

治平元年（1064 年）农历五月，赵曙病体恢复，曹太后撤帘还政。

赵曙亲政仅半个月，宰相韩琦等人就向他提议请求有关部门讨论赵曙生父的名分问题。当时仁宗逝世已有十四个月，赵曙批示，等过了仁宗大祥（中国古代汉族丧礼仪式之一，父、母丧后两周年举行的祭礼）再议。司马光便上奏："汉宣帝为孝昭帝的后代，最终不追尊卫太子、史皇孙；汉光武帝上继统元帝，也不追尊巨鹿、南顿君，这是万世永久的制度。"

治平三年（1066年），中书大臣共同议事于垂拱殿，命两制集中讨论濮王应奉典礼之事，学士王珪等人互相观望不敢首先发言，唯独司马光一人奋笔上书说："为人后嗣的就是他的儿子，不应当顾忌私亲。濮王应当按照封赠期亲尊属的成例，称为皇伯，高官大国，极其尊荣。"议崇既定，王珪立即命令吏员以司马光的手稿作为根据。当时韩琦正在家中祭祀，赵曙特意将其召来商议，当时即议定（赵曙生父）濮王称皇考，由欧阳修亲笔写了两份诏书，交给了赵曙一份。到中午时分，太后派了一名宦官，将一份封好的文书送至中书省，这份文书正是欧阳修起草的诏书，多了太后的签押。

赵曙便立刻下诏停止讨论。同时又将宰相与执政们召来，商量如何平息百官的情绪，以稳定时局。赵曙最后同意了欧阳修等人的意见，将吕诲等三名御史贬出京师，司马光据理力争无效，最后自请贬斥。皇帝没有答应。

积弱王朝

当时的宋朝在北面和西北有两个强敌，契丹和西夏。这是两个令大宋帝国君臣时常耿耿于怀、颜面扫地又备感羞辱的敌国。我们都清楚，大宋帝国素号"积弱"，正规军规模庞大、数量惊人，但战斗力几乎为零，一有战事，就连吃败仗。

仁宗皇帝去世时，西夏国主赵谅祚遣使致祭，并贺新皇帝登基，延州（治今陕西省延安市）差指使高宜押伴进京。到了顺天门，使者要佩鱼、带仪仗，高宜不许，使者不从，高宜就把他们在马棚子里关了一个晚上，不给饭吃，使者出言不逊，高宜就斥责，使者只得同意仍照旧例。过了很久，高宜才答应让他们进宫。等到殿门赐食，使者提出申诉，诏令回延州与高宜辩明。当时司马光与吕诲上奏，请将高宜治罪，但朝廷没当回事。此事后由延州通判处理，当时使者质问：高宜说发兵一百万，遂入贺兰穴，是什么话嘛！通判答：听说使者视国主为少帝，高宜才说那些话的；错在你们使者，不在高宜。治平元年（1064 年）九月二十八日，赐赵谅祚诏书，告诫他今后要精选使者，无使生事。第二年，西夏人进犯边地，杀害官吏掠取土地。

赵滋治雄州，此前司马光已曾多次弹劾赵滋，说他刚愎狂妄，不可领兵，守边必将坏事。可是朝廷对赵滋喜欢得不得了，越加宠任，命再知雄州（治今河北省雄县；北接契丹）。到这时，契丹百姓在界河捕鱼，在白沟以南砍伐柳树，朝廷认为雄州知州李中祐没有才能，打算另外派人取代他。司马光认为，和西夏的关系肯定是坏了，战争肯定是在所难免了。以帝国的军力和国力，对付一个都吃力，何况两个？因此与契丹如果只是些小摩擦，就通过外交手段解决好了，不要把矛盾激化，引起战争，那样国家会吃不消。

宋与契丹与西夏，像极了三国时代的魏蜀吴：三方鼎立，此消彼长。唯一的不同，就是汉人的政权萎缩了，只剩下一个。司马光在上奏折子中把英宗皇帝比作周文王，又把契丹与西夏称作虏，可见他心气有多高！

可偏偏国家那么孱弱。翻检史料，我们会惊奇地发现，当初设计者的初衷，完全不是这样的。

据载，太祖既定天下，曾召集赵普等二三大臣，要他们说说已施行的法令当中，哪一项可以利及子孙后世。赵普等历言大政数十，太祖让再说更重要些的。赵普等想了半天，终是不得要领，只好请太祖自己来说。太祖认为是养兵政策：万一遇到饥荒，就招募饥民当兵，可避免饥民作乱；平常年景，即便军队作乱，百姓也不会参加。这实际是把军队作为收留饥民的难民营，以求得社会的暂时安定。事实证明，这项法令不仅没有利及子孙后世，而且恰恰相反，简直就是贻害无穷。那样做的结果是，军队的数量越来越大，而质量却越来越差，遂形成宋代的痼疾之一："冗兵"。

还不仅如此。有一次，太祖听到国子监集合诸生讲书，很高兴，遣使赐给大家酒和水果，说："今之武臣，亦当使其读经书，欲其知为治之道也。"这当然是个不错的主意，但结果却由此演变出一项国策——以文制武。

"冗兵"加上以文制武的国策，就形成了帝国的另一痼疾："积弱"。英明神武的太祖皇帝，大概做梦都不会想到，他缔造的这个国家，会是这么一副弱不禁风的文弱样。

面对西夏，既然正规军靠不住，那就得另想办法。英宗治平元年十一月十四日，命刺陕西诸州军的百姓为义勇。下诏招陕西义勇二十万，民情惊骇扰乱，而义勇纪律散漫不可任用。十一月二十二日至十二月初五日，半月不到，司马光接连六次上疏，请朝廷罢刺陕西义勇。司马光在上疏皇帝的同时，又去中书省和韩琦辩论。韩琦说："用兵贵在先声夺人，谅祚正桀骜不驯，让他突然听到增兵二十万，怎么不害怕？”司马光说：“用兵之贵先声夺人，是空洞无实，只是可以欺骗一日之间而已。如今我们虽然增兵，实际上不可任用，不过十天，他将会知道这一详细情况，还有什么可恐惧的呢？”韩琦说：“您只是看到庆历年间乡兵招成为保捷军的情形，忧虑今天会重蹈覆辙，朝廷已经降下敕榜同百姓约定，永不充军戍守边地了。”司马光说：“朝廷曾经失信于民，百姓不敢轻信，即使是我也不能不怀疑。”韩琦说：“我在这里，您不要有什么忧虑。”司马光说：“如果您长期在这个地方，当然可以放心；他日别人当权，用您现在的军队，用他们运粮戍边，不过是易于反掌的事而已。”韩琦默然无声，但终于没有停止增兵。不到十年，事情果真如司马光所料。

治平四年（1067 年）正月初八日，英宗驾崩于福宁殿。二十岁的太子赵顼即位，是为神宗。欧阳修极力推荐司马光，一是司马光德才兼备，任谏官时间既久，成绩也相当突出；二是司马光最后促使仁宗下定决心，把皇位传给了英宗，因此才会传到神宗的手里。神宗即皇帝位，提拔司马光为翰林学士，司马光数上折子辞谢。

神宗说：“古代的君子，有的有学问而没有文采，有的有文采而没有学问，只有董仲舒、扬雄二者兼而有之。你有学问有文采，为什么要推辞呢？”司马光回答说：“我不能作四六句。”神宗说：“四六句像两汉时的制书诏令那样就可以了；况且你能够取得进士高第，却说不能作四六句，为什么呢？”终没有获准辞谢。

御史中丞王陶因议论宰相不押班而罢职，司马光代理御史中丞，司马光说：“王陶由于议论宰相罢职，那么中丞之职不可再为。我愿意等待宰相押班后，然后就任该职。”朝廷准许了他的请求。司马光于是上疏论修心的要旨有三条：叫仁义，叫明智，叫武略；治国的要旨有三条：叫善于用人，叫有功必赏，叫有罪必罚。司马光的这一主张很完备。司马光又说：“我得以事奉三朝，都是以这六句话呈献，平生历学所得，全部都在这里头了。”御药院的内官近臣，宋朝常常用供奉官以下的人充当，升到内殿崇班职位就出任地方官。当时的内殿崇班高居简奸妄邪恶，司马光便弹劾他，请求加以远远流放。奏章五次呈上，神宗为了替高居简开脱，全部废除寄资官，不久再留任二人。司马光又据理力争。张方平任参知政事，司马光认为他不负众望协调，神宗没有同意司马光的意见。

司马光常常担心由于历代史籍浩繁，皇帝不能全部阅览，于是写了《通志》八卷呈献神宗。神宗很高兴，命令在秘阁设置机构，续修这部书。神宗给此书命名为《资治通鉴》，并亲自给此书写了《序》，让司马光每天进读。

西戎部将嵬名山打算以横山部众，捉住谅祚来降服，诏令边臣招纳横山部众。司马光上疏认为：“嵬名山部众，未必能够制服谅祚。即使侥幸取胜，灭掉了一个谅祚，又生出一个谅祚，有什么好处；如果不能取胜，嵬名山一定会带领部众归附于我，不知怎么对待他们。我恐朝廷不单失信于谅祚，又将会失信于嵬名山。如果嵬名山余部还很多，返归北地不能，而进入南方又不被接纳，穷途末路无处可归，必定将会突然占据边城来求活命。陛下难道没有听说侯景叛乱的事例吗？”神宗没有采纳他的意见，派遣将领种谔出兵迎接嵬名山，取得绥州，耗费钱财六十万，西边用兵，大概就从这里开始。

百官给神宗上尊号，司马光正当轮值答谢诏书，说：“先帝亲郊祭祀，不接受尊号。先帝晚年有人进献建议，认为国家与契丹往来通信，契丹有尊号而我独独没有，于是决定在非常之时奉册行事。过去匈奴冒顿自称‘天地所生日月所置匈奴大单于’，没有听说汉文帝也加以大名尊号。”神宗非常高兴，亲手起草诏书夸奖司马光，让他好好写答谢辞，以示中外。

变法之争

治平四年九月二十三日，神宗召江宁（治今江苏省南京市）知府王安石为翰林学士。

熙宁元年(1068年)四月初四日，诏翰林学士王安石越次入对。此前，因为好朋友韩绛、韩维、吕公著的极力推荐，神宗很想见见这个人，即位之初，即命知江宁府，几个月后召为翰林学士兼侍讲，至此才上朝入对。神宗问：治国应以什么为先？王安石答：选择方法。神宗又问：唐太宗怎么样？王安石答：陛下的榜样是尧舜才对，唐太宗算什么？尧舜之道极简极要极易，只是后世搞不明白，以为高不可及罢了！神宗说：你这是从严要求我。神宗的喜欢，可以想见。正是这次对话，让皇帝下定决心，重用王安石。

执政大臣以河朔地区遭受旱灾，国家财用不足，请求神宗南郊时不要赏赐黄金丝帛。诏命学士讨论，司马光与王皀、王安石同时进见，司马光说：“救灾节用，应当从贵人近臣开始，陛下可以听取这个意见。”王安石说：“常衮辞去官职俸禄，当时认为常自知无能，应当辞去职位但不应当辞去俸禄。况且国家财用不足，并非当世急务，国用之所以不足，是由于没有得到善于理财的人的缘故。”司马光说：“善于理财的人，不过是苛征于民而已。”王安石说：“不是这样，善于理财的人，不加重赋税而使国家财用充足。”司马光说：“天下哪有这样的道理？天地之间所生出来的财货百物，不是在老百姓手里，就在官府那里，要是想方设法掠夺民财，它的危害就比加重赋税有过之而无不及。这大概是桑羊欺骗汉武帝的话，太史公把它写入史书足以见其不明而已。”二人争议不休。神宗说：“我的意见与司马光相同，但暂且以不予允准回答他。”适逢王安石起草诏书，援引常衮事例责问两府，两府不敢争辩。

王安石执政，颁行新法，司马光上书陈述新法的好处和害处。司马光在迩英殿进读，读到曹参代替萧何的事时，神宗说：“汉代永远遵守萧何的成法不变，可以吗？”司马光回答说：“不仅汉代，假使三代之君永远遵守夏禹、商汤、周文王、周武王的制度，即使到今天存在仍然可以。汉武帝对汉高帝的约束之法多有改动，于是盗贼满天下；汉元帝改变孝宣帝的政治，汉朝于是衰落。这样说来，祖宗的制度是不能改变的。”

吕惠卿说：“先王制度，有一年一变的，‘正月天气开始暖和，在宫廷外门颁布法令’就是这样；有五年一变的，皇帝巡行境内考察制度就是这样；有三十年一变的，‘刑罚世轻世重’就是这样。司马光所说的不正确，他的意思是讽喻朝廷。”神宗询问司马光，司马光说：“在宫廷外门颁布法令，是颁布旧法。诸侯变易礼乐，天子一旦察觉就要诛杀他，这不是自我变化；刑法新建之国使用轻典，混乱之国使用重典，这就是世轻世重，不是改变。况且治理天下就比如治理住宅，坏了就加以修整，不是严重毁坏就不重新建造。公卿侍从百官都在这里，希望陛下问问他们。三司使执掌天下财政，没有才能的可罢黜，不能让执政大臣侵占其事。现在设立制置三司条例司，是为什么呢？宰相以道义辅佐皇帝，是用什么例子？如果引用例子，那么就是胥吏了。现在设立看详中书条例司，是为什么呢？”吕惠卿不能回答，就用其他的话诋毁司马光。神宗说：“互相辩论是非，何必到这种地步。”司马光说：“平民百姓出息借钱，尚且能够蚕食下户贫民，何况有县官督责的威仪呢！”吕惠卿说：“青苗之法，愿意借取就贷给他，不愿意的并不强求。”司马光说：“愚昧之民只知道借债的好处，不知道还债的害处，不单县官不强求，就是富有的百姓借贷也不强求。以前太宗平定河东，建立和籴法，当时一斗米十文钱，百姓喜欢同官府贸易。此后物价贵了而和籴没有解除，于是成为河东永久之患。我恐怕他日的青苗法，也还是这样。”神宗说：“坐守仓库买进粮食怎么样？”在座的众臣都起身，司马光说：“不方便。”吕惠卿说：“买米百万石，可节省东南之地的漕运费用，可用这些钱供给京师。”司马光说：“东南地区发生钱荒而谷米散乱，如今不和籴粮米而取漕运钱，弃其有余，取其所无，农商都会受到伤害！”侍讲吴申站起来说：“司马光的话，是深切中肯之论。”

一天，司马光被留下来对策，神宗说：“现在天下喧扰纷乱，正是孙叔敖所说的‘国家有此，众人所恶’那种情况。”司马光说：“对。陛下应当论断新法的是与非。现在制置三司条例司所做的，只有王安石、韩绛、吕惠卿认为是正确的，陛下难道能够单是与这三个人共治天下吗？”神宗想任用司马光，去询问王安石。王安石说：“司马光表面上借托向上直谏的名义，实际上内怀结附百姓之心。他所说的全是危害政治的事情，所相好的都是危害政治的人，而陛下打算把他置于左右重臣的位子上，让他参与国家大事，这是成败盛衰的关键。司马光的才能怎能危害政治，但是一旦身处高位，那么持不同意见的人会倚以为重巴结他。韩信打着汉的旗帜，赵军恐惧丧胆，现在任用司马光，这是给反对者树立旗帜。”

王安石因为韩琦上疏陈论，在家休息请求退位。神宗就任命司马光为枢密副使，司马光辞谢说：“陛下所以任用我，是由于看到我狂妄刚直，希望对国家有所补益。如果仅仅是用禄位荣耀其身，而不采纳他的言论，这是用天官私待其身，我不是这样的人。如果我仅仅以禄位自我荣耀，而不能挽救百姓的忧患，这是盗窃名器来自私其身。陛下果真能够废除制置三司条例司，追还提举官，不颁行青苗、助役等法，即使不任用我，那么我受到的赏赐已是很多了。现在说青苗法害处的人，不过是说使者骚扰动摇州县，成为今天的祸患而已。但我所忧虑的，是在十年以后，不是今天。百姓的贫富，是由于勤劳、懒惰不同而造成的，懒惰的人常常贫困，所以必须向他人借贷。现在官府出钱借贷给百姓而敛取利息，富裕的人不愿意领取，而使者以多散发作为功劳，一切强迫抑配。而且又担心贷钱的人逃避负债，必定令穷人、富人相互担保，贫穷的人不能偿还，就会流散到四方；富人不能离去，必定督促使他人代还数家的负债。春算秋计，转移不定日益严重，穷人既尽，富人也陷于贫困。十年以后，百姓将没有生存的地方了。又全部散发了常平钱谷，专门实行青苗法，他日如果想恢复常平仓，将有什么所取呢？富室既然没有了，常平仓已经废除了，加之用兵打仗，接着而来的是饥馑灾荒，百姓中羸弱的必然听任其死于沟壑，强壮的必然相聚而成为盗贼，这是此事的必然发展趋势。”司马光上章极谏至七八次，神宗派人对他说：“枢密院，是执掌军事的，百官各有职守，不应当言及其他事情。”司马光回答说：“我没有受任此职，那么还是侍从官。对国家大事没有什么不可以说的。”王安石出来处理政事，司马光于是请求去职。

司马光以端明殿学士知永兴军。宣抚使下令分义勇戍守边地，挑选诸军中骁悍勇猛的兵士，招募街市中品行恶劣的少年作为骑兵；抽调民力制作干粮，全部修筑城池高台，使得关辅一带骚扰混乱。司马光极谏说：“公私困乏，不可举事，而且京兆一路都是内郡，修缮城治不是急务。宣抚使的命令，都不敢从命，如果缺乏财物以供军用，我当然要负责任。”因此京兆一路独得免乱。改任许州知州，朝廷催促司马光入京觐见，他没有前往；请求判西京御史台回洛阳，从这以后绝口不论国事。但是言诏下达后，司马光读之感动流泪，想要沉默却不忍心，就再次陈述六事。又写信责备宰相吴充。

蔡天申任察访使，妄自作威作福，河南尹、转运史像对待上司一样侍奉他；他曾朝拜应天院神御殿，官府单独为他设置一个班次等级，表示不敢与他抗衡。司马光回头对御史台胥吏说：“领蔡寺丞回到他自己的班次上。”胥吏马上领蔡天申站在监竹木务官富赞善的后面。蔡天申为难沮丧，当天就走了。

元丰五年（1082 年），司马光忽然得了语言迟钝的病，怀疑自己将要死去，预先写好遗表放在卧室内，倘若情势急迫，就把它交给关系好的人上呈。颁行新官制，神宗指着御史大夫这一官职说：“非司马光不可。”又打算用他做东宫太子的老师。蔡确说：“国事刚定，希望稍稍迟一些时间。”《资治通鉴》没有完成，神宗对此事非常重视，认为该书胜过荀悦《汉纪》，多次催促司马光完篇，并赐给颖王府旧书二千四百卷。等书写成，司马光加官资政殿学士。司马光一共在洛阳住了十五年，天下认为他是真宰相，老百姓都号称他为司马相公，连妇女小孩也知道他是司马君实。

神宗逝世，司马光赴朝临丧，卫士望见他，都用手放在额头上说："这是司马相公。"所到之处，百姓阻遏道路聚首围观，以至于马不得行进，百姓说："您不要返归洛阳，留下来辅助天子，救救百姓吧。"哲宗年幼继位，太皇太后临政，派遣使者问司马光什么事应该先行，司马光说："广开言路。"诏令张榜于朝堂广求直言。但大臣有不高兴的，筹划了六句话说："诸如心怀奸诈；超越职责范围；或者扇摇鼓动机密的军国大事；或者迎合已经实行的法令；对上想凭侥幸升迁官职；对下想迷惑世俗。像这几种，罚无赦。"太后又命出示给司马光看，司马光说："这不是求谏，而是拒绝上谏。这样为人臣者只有不说话，否则一说话就列入这六事的范围了。"就详细论述这种情况，改诏实行，于是上书奏事的人数以千计。

起用司马光为陈州知州，经过朝廷，留任门下侍郎。苏轼从登州被召回朝，沿路上的人相聚高呼说："委托您感谢司马相公，让他不要离开朝廷，深加自爱以救我们。"当时天下百姓，引颈拭目盼望刷新政治，但持论者还认为："三年不要改变父皇的所作所为"，只是粗略地革除琐碎细小的事情，稍稍堵塞人言。司马光说："先帝之法，好的即使是百世也不能改变。像王安石、吕惠卿所制定的制度，成为天下祸害，改变它就像救焚救溺一样急迫。况且太皇太后以母亲的身份改变儿子的法令制度，这不是儿子改变父亲的法令制度。"这样大家的意见才定下来。于是废除保甲团教，不再设置保马；废除市易法，把所储藏的物资都卖掉，不取息钱，免除所欠的钱物；京东铁钱及茶盐之法，都恢复其原有的制度。有人对司马光说："熙宁、元丰旧臣，多是奸佞小人，他日有人用父子之义离间皇上，那么灾祸就发生了。”司马光正色说：“上天如果保佑宗庙社稷，肯定没有这样的事发生。”于是天下人放心了，说：“这是先帝的本意。”

元祐元年（1086年），司马光再次得病，诏命他朝会时行再拜礼时不舞蹈。当时青苗、免役、将官之法还存在，而西戎之议没有决定。司马光叹气说：“这四患不除，我死不瞑目。”他写信给吕公著说：“我把身子托付给医药，把家事托付给儿子，只有国事未有所托，今天把它交给您。”于是论免役法的五大害处，请求径直降下诏书废除它。使诸将之兵都隶属各州县，军政事务委托太守、县令一起处理。废除提举常平司，把所管事务归于转运使、提点刑狱管理。边地之计以与西戎讲和为好。监司多为新进的年轻人，务必会苛刻急于求成，令在郡守中选择举荐近臣，而在通判一级中荐举转运判官。又建议立十科荐士办法。这些都被朝廷接受。

司马光被任命为尚书左仆射兼门下侍郎，免朝觐，准许乘坐轿子，三天到省中一次。司马光不敢承受，说：“不见君主，不能够办公治事。”诏令他的儿子司马康扶他入朝应对，说：“不行拜礼。”废除青苗钱，恢复平常粜籴法。两宫虚位听任司马光去做。辽、西夏派使者来，必定询问司马光的身体起居情况，辽、西夏国君敕命其边吏说：“中国用司马为宰相，你们不要轻易制造事端，轻开边隙。”司马光自见言听计从，打算以身殉国，于是亲自处理各种事务，不舍昼夜。宾客见他身体虚弱，列举诸葛亮食少事烦的例子作为劝诫，司马光说：“人的生与死，是命中注定的。”工作更加努力。病情危急，他已失去知觉，谆谆不倦像梦中呓语，但都是有关朝廷、天下的事情。

《夏县志·温公墓图》

身后之事

这年九月司马光去世，终年六十八岁。太皇太后听到这一消息，非常哀痛，与哲宗立即亲临吊唁，明堂礼成都不予庆贺，赠太师、温国公。赠以一品礼服，赠送七千银子、绢帮办丧事。诏令户部侍郎赵瞻、内侍省押班冯宗道护送灵柩，归葬陕州。谥号为文正，赐碑为“忠清粹德”。京师人民罢市前往吊祭，卖衣祭奠，在里巷间相聚号哭护送灵车。及到下葬时，哭者就像痛哭自己的亲人一样。岭南封州父老乡亲，也相率备办祭祀，都城中以及四方各地都绘其像以祀，吃饭时必须祝祷。

司马光孝友忠信，恭俭正直，安居有法度，任事有礼仪。在洛阳时，每次前往夏县扫墓，一定去看问他的哥哥司马旦，司马旦年近八十，司马光像事奉严父般事奉他，像保护婴儿般保护他。司马光从小到老，讲话从不乱言，他自己说："我没有过人之处，只是平生所做的，从没有不能对人说的事情。"诚心出于自然，于是天下人敬仰信服他，陕州、洛阳之间都为他的道德所感化，有什么事做得不好，就说："司马君实会不知道吗？"

司马光对物质淡泊无所喜好，而对学问无所不精通，只是不喜好释、老之学，他说："释、老的微言大义不能超出儒学，它们荒诞不经我不相信。"司马光在洛阳有田三百亩，妻子死时，家无余资，只好卖掉田产来办丧事，他一直到死都是粗衣薄食。

绍圣初年，御史周秩首论司马光诬蔑诽谤先帝，于是全部废除他们实行的法令。章惇、蔡卞奏请掘坟斫棺，哲宗不同意，于是命令削除他的赠官谥号，推倒所树立的石碑。但章惇觉得不解恨，于是追贬司马光为清远军节度副史，又贬为崖州司户参军。徽宗即位，复贬为太子太保。蔡京专权擅政，又降为正义大夫。蔡京撰写《奸党碑》，令各州郡都刻石成碑。长安石工安民被委以刻字任务，他推辞说："我是愚蠢之人，本不知道立碑的用意。只是像司马相公这样的人，海内称赞他为人正直，现在说他奸邪，我不忍心刻字。"长安府官吏大怒，打算加之以罪，安民哭着说："徭役我不敢推辞，求求不要刻安民二字于石碑之末，恐怕得罪于后世。"听见此话的人感到惭愧。

靖康元年（1126 年），恢复司马光的赠官谥号。建炎中，配飨哲宗庙庭。

宋故贈尚書都官郎中司馬君墓表
朝奉郎尚書刑部員外郎知　制誥權修起居注糾察在京刑獄上騎都尉賜紫金魚袋王安石撰
朝奉郎尚書都官員外郎知同州兼同群牧及管內勸農事騎都尉賜緋魚袋借紫雷簡夫書

王安石撰《司马沂墓表》

第二章 俭与德共司马光

君子挟才以为善，小人挟才以为恶。挟才以为善者，善无不至矣；挟才以为恶者，恶亦无不至矣。愚者虽欲为不善，智不能周，力不能胜，譬如乳狗搏人，人得而制之。小人智足以遂其奸，勇足以决其暴，是虎而翼者也，其为害岂不多哉！夫德者人之所严，而才者人之所爱；爱者易亲，严者易疏，是以察者多蔽于才而遗于德。

第一节　私 德

三请虢州　力求惩罚

宋仁宗嘉祐二年（1057年）夏六月，司马光自并州回到京城，改任太常博士、祠部员外郎、直秘阁、判吏部南曹。判吏部南曹不到一年，又被授任开封府推官。得到消息，司马光立即上《乞虢州第一状》：

右臣不避斧钺，倾沥危恳：臣本贯陕州夏县，丘垄（坟墓）、宗族俱在。彼中自先臣（指父亲司马池）亡殁，及臣服阕（古代服丧三年后脱下丧服，叫做服阕）以来，十有余年，守官未尝得近乡里；止曾一次请假焚黄得展省坟墓。中心念此，朝夕不忘。近日方欲上烦朝廷，陈乞家便一官，又为自判吏部南曹未及一年，及陕州侧近州郡俱未有阙，所以未敢陈请。今窃知已降敕命，授臣开封府推官，于臣之分，诚为荣幸，然臣有此私恳，须至披陈；加以禀赋愚闇（yú ān，愚昧无知），不闲（熟习）吏事，临繁处剧，实非所长，必虑不职以烦司寇（官名，主管刑法狱讼）。伏望圣慈特赐矜察，除知虢州或庆成军一次。情愿守待远阙，庶得近便洒扫先茔；或上件处所无阙，乞且归馆供职，候有阙日，特赐差除。

开封府推官，京师的第三把手，主管司法，当然是个不错的差使，升迁的机会也肯定要比任职地方大得多。请求到虢州（治今河南省灵宝市）等夏县左近州郡任职，表面上的理由，一是就便洒扫先茔，二是不娴吏事。但不久前的“屈野河事件”后，参与的人除司马光外，全部遭到贬黜，司马光为众人辩解，没人肯听，请求责罚，又不可得。此番请求去地方上任职，在司马光本人，大概应算一种自我放逐，当然没人要求他那样做，但那样做可能会稍稍减轻他的负罪感。人在受到委屈的时候，总容易想到父母、故乡之类的事物，所谓“人穷则返本”，夏县左近的州郡因此成为他的目的地。夏县左近的州郡很多，所以首选虢州，可能因为父亲曾任虢州知州。

宋仁宗像

可是，请求未获批准。

任开封府推官半年后，司马光听说虢州知州空缺，于是再次请虢州：

右臣先蒙恩授臣开封府推官，臣为久不曾到乡里，及自知才性疲驽，不任剧（繁重）职，曾奏乞知虢州，或庆成军一次，奉圣旨不许辞免。就职以来，已逾半岁，体素多病，牵强不前。窃知虢州即今有阙，臣欲乞依前来所奏，差知虢州一次；或已除人，即乞候主判登闻鼓院、尚书省闲慢司局，有阙日差除一处，庶几守官不致旷败。

此次陈请的理由增加了身体不好，素来多病；最好的去处还是心仪已久的虢州，但上次作为备选的馆阁，此次已改为主判登闻鼓院，及尚书省的闲慢司局。馆阁藏书丰富，读书治学，自是不二之选；但馆阁也是国家的储才之地，他日升迁的希望还是很大。此次备选的两个职位，则完全是闲职，升迁的可能性，可以说非常渺茫。司马光此时的心思，大概不是求上进，而是求不上进，最好是哪儿最没希望升迁，他就上哪儿去。

但仍然未获批准。

旧伤未去，又添新痛。仁宗嘉祐四年（1059年），石昌言猝然辞世。我们已经知道，石昌言是司马光的“同年”，但年龄比司马光大二十三岁。这一年司马光四十一岁，石昌言六十四岁。

事情来得极为突然，石昌言去世的前几天，司马光还曾去看他，当时石昌言得病已久，但日常起居尚无大碍。可是，忽然一天就有人来告，说昌言昨夜得病很急；还未及赶去问讯，又有人接踵而至，说昌言已经辞世。问讯遂成吊唁。前年司马光从并州回京，昌言曾邀至家中小饮，亲自为司马光斟酒。现在祭奠的地方，正是当日摆酒的地方。生人已成画像。睹物思人，如何不痛？

仁宗嘉祐四年（1059 年），司马光又被授任判三司度支勾院，司马光第三次上奏，再次请虢州：

右臣伏自去岁圣恩除开封府推官以来，臣以久不到陕州乡里，及资性驽下，不任剧职，两曾奏乞知虢州，或主判登闻鼓院，及尚书省闲慢司局，不蒙听许。臣以开封府重难之处，不敢更有陈请。今窃知已降敕命，除臣判三司度支勾院，窃缘臣禀赋愚钝，素无才干，省府职任，俱为繁剧，去此就彼，皆非所宜；若贪荣冒居，必致旷败，内省侥忝，诚不自安。欲乞依前来所奏差知虢州，或主判登闻鼓院，及尚书省闲慢司局；若俱无阙，则乞知绛州、乾州，或在京闲慢差遣一次。干冒宸严，臣无任恳切战汗屏营之至。

此次的请求，作为备选的又新增了绛州（治今山西省新绛县）、乾州（治今陕西省乾县）及在京闲慢差遣。司马光的意图很明白——只要不被提拔，在哪儿任职、任什么职，都无所谓。

正如我们所料，此次请求的结果跟以往一样，还是未获批准。

三次求去，官职却一升再升；高官厚禄谁不喜欢？但现在却成了折磨：

嗟予仕京邑，苟禄自羁绁（jī xiè，束缚）。丘垄翳荒松，三年洒扫缺。求归未能得，朝莫肠百结。得君临虚诗，髣髴（fáng fú，好像）见里阙。何时往登临，旷若目去瞣（miè，一种眼病，眼眶红肿）。忧来复长吟，益使寸心折。

这种情况下，又有三个朋友，相继死于瘟疫。

仁宗嘉祐五年（1060 年）五月初一，京师汴梁发生瘟疫。五月初二，京师地震。我们都知道，地震往往会助长瘟疫。

2014年席卷全球的“埃博拉”，我们一定还记忆犹新，生命在瘟疫的面前，脆弱得就像大风中的一页纸。这种脆弱从来如此。一个月内，司马光的三个朋友江临几、梅圣俞、韩钦圣，相继故去。他们也是吴冲卿的朋友。吴冲卿作《三哀诗》，司马光以诗相和：

天生千万人，中有一隽（通“俊”）杰。奈何丧三贤，前后才期月。邻几任天资（天性、天赋），浮饰耻澡刷。朝市等山林，衣冠同布褐（指贫贱之人）。外无泾渭分，内有淄渑（zī miǎn，均为河水名）别。逢时敢危言，慷慨谁能夺。圣俞诗七千，历历（一一分明）尽精绝。初无追琢（雕琢）勤，气质禀清洁。负兹惊世才，未尝自摽楬（biāo jiē，标榜）。鞠躬随众后，侧足（形容因畏惧不敢正立）畏蹉跌（cuō diē，失误、差错）。钦圣渥洼驹（神马，因产于渥洼水而得名），初生已汗血。虽有绝尘踪，不失和鸾（古代车马上的铃铛）节。宜为清庙（宗庙）器，俨雅应钟律。众论诚共然，非从友朋出。群材方大来，鞅轧（yǎng yà，象声词）扶帝室。谁云指顾间，联翩化异物。吊缞（cuī，丧服）哭未已，病枕气已竭。同为地下游，携手不相失。绅绂（shēn fú，指卿士大夫）顿萧条，相逢但嗟咄（叹息）。诵君三哀诗，终篇涕如雪。眉目尚昭晰，笑言犹髣髴。肃然来悲风，四望气萧瑟。

江邻几与梅圣俞是邵不疑和司马光的共同朋友。邵不疑此前奉命送契丹使节归国，返回的路上得到江邻几、梅圣俞的死讯，赋诗当哭。司马光收到那首诗，又是一通唏嘘：

昨夕邮吏来，叩门致书函。呼奴取以入，就火开其缄。不疑赋长篇，发自燕之南。痛伤江与梅，继踵良人歼（灭、亡）。噫嗟知其二，尚未知其三。请从北辕后，覼缕（luó lǚ，详尽有条理地叙述）为君谈。邻几虽久病，始不妨朝参。饮歠（yǐnchuò，饮食）寖衰少，厥逆生虚痰。逮于易箦（指去世）辰，皮骨余崆嵌。遗书属（通嘱，嘱咐）清俭，终始真无惭。圣俞食寒冰，外以风邪兼。愚医暴下之，结轖（sè，塞，气结）候愈添。惙惙（chuò，忧愁的样子）气上走，不复容针砭（zhēnbiān，用石针治病）。自言从良友，地下心亦甘。钦圣体素强，药石性所谙。平居察举措，敢以不寿占？一朝暂归卧，簿领（公文）不废签。讣来众皆愕，未信犹窥觇（kuī chān，窥视、察看）。兴言念三子，举袂涕已沾。英贤能几何，逝者迹相衔。君疑天上才，难得帝所贪。我疑人间美，多取神所嫌。茫茫幽明际，蓍蔡（指卜筮）难穷探。忧来不可忘，终日心厌厌（精神不振的样子）。

司马光请求去虢州任职，这是在谋求惩罚。有了这个惩罚，他才可以和恩师庞籍，和诸位受惩罚的同僚，心安理得地站在一起。请求去虢州任职，事关内心平静：有了这惩罚，司马光的内心，才能够获得平静。可是三次请求三次都不准。在这个节骨眼上，朋友们又接二连三地去世。司马光当时可能死的心思都有：既然活着这么痛苦，倒不如死了来得干净。可是司马光对瘟疫，偏偏又有免疫力。司马光此时的心境，我们可以想见。

不能者止　三辞翰林

治平四年（1067 年）正月初八，英宗驾崩于福宁殿。二十岁的太子赵顼即位，是为宋神宗。

英宗只活了三十五岁，可谓英年早逝，在位的时间也很短，只有三年多。为什么呢？有人认为，问题出在仁宗的陵寝上。仁宗永昭陵的所在，地名“和儿原”，当时就有人说：“地名和儿原，非佳兆。”果然，三年后英宗就晏驾了。这大概算我们中国人独有的思维习惯吧，对一些无法解释的现象，追根溯源，总会找到祖先的坟墓上去。

来说神宗。神宗，英宗长子，母亲是宣仁圣烈皇后高氏。庆历八年（1048 年）四月，生于濮王宫，此时实际年龄十九岁不到。八月，赐名仲针。嘉祐八年（1063 年），侍英宗入居庆宁宫。英宗即位，授安州观察使，封光国公。五月，于东宫听授经籍。天性好学，终日勤苦，废寝忘食，英宗不得不经常派遣内侍，前去制止他。侍讲王陶进讲，神宗率弟弟赵颢拜之。九月，加授忠武军节度使、同中书门下平章事，封淮阳郡王，改今名。治

宋神宗像

平元年（1064 年）六月，进封颍王。治平三年（1066 年）三月，娶前宰相向敏中的孙女为夫人。十二月，立为皇太子。神宗此前的经历大致如此。

治平四年（1067 年）闰三月二十六日，以龙图阁直学士兼侍讲司马光为翰林学士。同时升任此职的还有龙图阁直学士知蔡州（治今河南省汝南县）吕公著。

司马光的此次升职，可能跟此前参知政事欧阳修的举荐有关。当时欧阳修上奏："臣伏见龙图阁直学士司马光，德性淳正，学术通明，自列侍从，久司谏诤，谠言嘉话，著在两朝。自仁宗至和服药之后，群臣便以皇嗣为言，五六年间，未有定议。最后光敷陈激切，感动主听。仁宗豁然开悟，遂决不疑。由是先帝选自宗藩，入为皇子。曾未逾年，仁宗奄弃万国，先帝入承大统。盖以人心先定，故得天下帖然。今以圣继圣，遂传陛下。由是言之，光于国有功为不浅矣。而其识虑深远，性尤慎密。光既不自言，故人亦无知者。今虽侍从，日承眷待，而其忠国大节，隐而未彰。臣忝在政府，详知其事，不敢不奏。"

欧阳修主要表达了两层意思：一是司马光德才兼备，任谏官已久，成绩突出；二是司马光最后促使仁宗下定决心，将皇位传给了英宗皇帝，因此陛下现在才能继承。

"濮议"当中，司马光与欧阳修针锋相对，水火不容，互称对方为奸邪。但事情过去之后，欧阳修对司马光，又能诚心举荐，不遗余力。这当然是一种政治高度文明的表现。

翰林学士隶属学士院，即翰林院。翰林院设翰林学士承旨、翰林学士、知制诰、直学士院、翰林权直、学士院权直。翰林学士承旨是翰林院的长官，“不常置，以学士久次者为之”，常常空缺，是个论资排辈的职位。凡以别的官职入院又未授任学士，叫做直院；学士俱缺，以别的官职暂行院中文书，叫做权直。翰林学士“掌制、诰、诏、令撰述之事”，皇帝“乘舆行幸，则侍从以备顾问，有献纳（进言供采纳）则请对，仍不隔班”，相当于皇帝的高级秘书兼顾问。

学士院可以说是宰相的摇篮。宋人叶梦得在《石林燕语》中写道："祖宗用人，多以两省（中书省与枢密院）为要，而翰林学士尤号清切；由是登二府者，十常六七。”由翰林学士进入两府的，十人当中就有六七人。经学士院而任宰相的人数，宋人李心传在《朝野杂记》中曾有专门的统计，他说自建隆至熙宁，在翰林院的共一百零八人，而做到宰相的，就有二十一人。其中，太祖时九人，一相；太宗时二十三人，四相；真宗时十五人，四相；仁宗时五十二人，九相；神宗时十人，三相。

提拔谁不喜欢？何况宰相的位子，已经遥遥在望。可是，三天后的闰三月二十九日，司马光上《辞翰林学士第一状》：

> 右臣窃闻已降敕告在合门，除臣翰林学士者。臣闻人臣之义，陈力就列，不能者止。臣自从仕以来，佩服斯言，不敢失坠。顷事仁宗皇帝，蒙恩除知制诰，臣以平生拙于文辞，不敢滥居其职，沥恳固辞，仁宗皇帝察其至诚，遂赐开许。今翰林学士比于知制诰，职任尤重，固非愚臣所能堪称，闻命震骇，无地自处。况臣于先皇帝时，以久官京师，私门多故，累曾进状，乞知河中府，或襄、虢、晋、绛一州，后值国有大故，及所修《君臣事迹》，并未经奏御，以此未敢更上文字。日近方欲再有陈乞，不意忽叨如此恩命，臣虽顽鄙，粗能自知，非分之荣，必不敢受。伏望圣慈察臣非才，

不堪此任，特赐哀矜，遂其微志，许以旧职知河中府，或襄、虢、晋、绛一州，若此数处未有阙，即乞于京西、陕西路，除一知州差遣。如此则上不累公朝之明，下不失私家之便，诚为大幸。干冒宸严，臣无任惶恐恳切之至。

“陈力就列，不能者止”，就是说如果你自觉能够胜任，就尽职尽责，努力把事情做好；但如果自觉不行，那就干脆别干。这是司马光坚守的原则。以前本着这个原则，司马光辞掉了知制诰，此次翰林学士的任命，自然也不能接受。

不久，司马光又上《辞免翰林学士第二状》，谈到翰林学士这个职位，他说：“唐室以来，士人所重清要之职，无若翰林，自非天下英才，声称第一，详识典故，富有文章，虽欲冒居，岂厌众意？”也就是说唐代以来，清要的官职，知识分子最看重的，就是翰林学士了，要不是天下英才，声誉第一，详知典章，富有文采，即便他想滥竽充数，又如何能够服众？然后说到自己：“臣禀赋顽钝，百无所堪，在于属辞，尤为鄙拙，安敢强颜，辄为此职？人虽不言，能不内愧？”意思是说自己反应迟钝，百无一用，至于文章，尤其粗恶，怎敢强颜就职？即便别人不说，自己能不有愧于心？这是司马光的自我评价，但别人理解，当然是些自谦的话，不能信以为真。起码神宗皇帝不信。因此，仍然不许。

四月十三日，司马光再上《辞免翰林学士上殿札子》，说臣不是不知道美官难得、诏旨难违，所以再三烦扰，实在因为人的材性，各有短长，人君当量能授官，人臣当尽职尽责，这样就无事荒废，上下合宜。臣自幼以来，虽稍曾读书，但禀性愚钝，拙于文章，若使解经述史，或者略有所长，至于代言草诏，最为所短。如今若贪图荣宠，妄居此职，万一朝廷有重大诏令，或者任命稍多，臣才思枯竭，必至搁笔；即便勉强草就，必定极为鄙恶，宣布四方，使共传笑，岂只彰微臣之丑，恐怕也是朝廷之耻。这就是臣所以宁犯谴怒，而不敢当清要之选的原因所在。陛下若察臣至诚，知非矫饰，特赐怜悯，收回成命，就是掩臣所短，全臣所长。况且臣自通判并州归来，居留京师十有余年，去年堂兄司马里过世，孤儿遗孀无人照管，臣曾多次奏乞先帝，于家乡近便处任一官，也蒙恩获准，等修书略成规矩，就授外任。不久先帝驾崩，臣哀痛慌乱，就没再提起，近日正要将所修《前汉纪》三十卷进呈，然后再行请求，不料忽然有此恩命，实在不是愚臣本心所愿，忧愁惶恐，不知如何。伏望圣慈依臣前奏，只以原职于晋州、绛州，或京西路、陕西路，授一知州差遣。

与神宗的问答，可能就在这次上殿时——

神宗对司马光说：古代的君子，有的有学识但缺乏文采，有的有文采但缺乏学识，只有董仲舒和扬雄两人，兼而有之。卿既有文采，又有学识，还推辞什么？

司马光答：臣不能作骈文。

神宗宽容：那就像两汉那样制诏好了！

司马光很为难：本朝无此先例。

神宗表示疑惑：卿能举进士取高等，却说不能作骈文，为什么？

司马光疾步出殿，神宗派内侍追至合门，硬要司马光接受敕告。司马光下拜，但不接受。内侍催司马光入谢（接受任命后，向皇帝表示感谢），说圣上正等着先生呢！司马光进至廷中，仍坚辞。神宗让内侍将敕告塞进司马光怀里，司马光不得已才接受。

后来有一天，神宗问王陶：吕公著、司马光任翰林学士，合适吗？王陶答：两人，臣都曾有举荐啊；这样用人，还愁治理不好天下吗？

坚辞枢密　抵制新法

熙宁三年（1070年）二月十二日，司马光为枢密副使，相当于负责全国军事工作的第二把手。

此时，王安石在告，就是请假在家。二月初一，河北安抚使韩琦上疏，神宗因为韩琦的奏疏，对青苗法终究有些怀疑。于是，王安石称病不出。

随后，王安石又请外任。翰林学士司马光草拟批答，说："今士夫沸腾，黎民骚动，乃欲委还事任，退取优安，卿之私谋，固为无憾，朕之所望，将以委谁？"意思是说如今你搞得天下沸腾，却要撂挑子，对你自己来说，当然很好，可是我呢，我找谁收拾这个烂摊子？

神宗打算重用司马光，曾征求王安石的意见，王安石坚决反对，说："光外托劘（mó，劝谏）上之名，内怀附下之实，所言尽害政之事，所与尽害政之人，而欲置之左右，使预国政，是为异论者立赤帜也！"意思是说司马光托名劝谏，其实附下，谈论的都是反对变法的事，交往的都是反对变法的人，如果把他安置在身边，参与国家大政，那就等于为不同政见者树起了一杆大旗。等到王安石请假，神宗以司马光为枢密副使。

二月十二日当天，司马光即上《辞枢密副使札子》。我们从中知道，当天司马光先是接到合门告报，说已除任枢密副使；接着又有勾当御药院陈承礼传宣，令即日领受敕告。

二月十五日，司马光又上《辞枢密副使第二札子》。从中我们得知，当天神宗又命勾当御药院黎永德宣圣旨，令司马光即日入见。神宗似乎很着急，他大概要趁王安石请假造成既成事实，到时候王安石反对也没用了，可司马光迟迟不接受。

二月十九日，司马光再上《辞枢密副使第三札子》，先说人的材性各有所能有所不能，“人主量材，然后授官；人臣审能，然后受事”，因此“官不旷而事无败也”。接着历数自己入仕以来，曾辞免的与未曾辞免的任命，说自己辞枢密副使，并非如有些人想象，以为是“不慕荣贵”，或者“饰诈邀名”，而是“正欲辞所不能而已”。加之自己“素有目疾，不能远视”，近日以来，又“颇多健忘”，日常供职，“犹惧废阙”，何况以衰病之身，当此重任。

熙宁二年（1069 年）闰十一月十九日，从条例司之请，差官提举诸路常平仓、广惠仓，兼管勾农田水利差役事，开始推行青苗法。当时全国常平仓钱粮，共计一千四百万贯石，诸路共置提举管勾官，凡四十一人。

在封建时代，农业是国家的根本。当时对付自然灾害的方法不多，靠天吃饭，收成很不稳定。丰年谷贱伤农，灾年谷贵伤民。这就要由国家来平抑物价：丰年谷贱，国家拿一笔钱出来，平价收购粮食，储存在官仓里，等到灾年谷贵时，再把这些粮食平价出售。这样可以防止奸商、富户的囤积居奇。这种办法，就叫做常平法；专门用于储存平抑物价粮食的官仓，就叫做常平仓。广惠仓始建于仁宗嘉祐二年（1057 年）。当时，由于地主死亡无人继承等原因，各地都有一些无主的土地。这些土地，以前都是由官府出售。当时的枢密使韩琦建议，这些土地由国家雇人来耕种，所得专门用于救济境内的老弱病残，以及用于救灾。所谓青苗法，就是将常平仓、广惠仓的钱和粮食作为本钱，每年青黄不接的时候，由国家向农民发放贷款，取利二分，就是收取20%的利息，收获后连本带息一并偿还。这种贷款以农民田里的青苗作为抵押，因此叫做青苗钱。

二月二十日，司马光上《乞罢条例司常平使疏》，认为青苗法将可能导致民间的普遍贫穷，国家的投入也可能血本无归，并且，十年之后，国家有可能出现动乱。在提出请求之后，司马光动情地说："如此，臣虽尽纳官爵，但得为太平之民，以终余年，其幸多矣！苟言不足采，陛下虽引而寘诸二府，徒使天下指臣为贪荣冒宠之人，未审陛下将何所用之？"意思是说如果废除条例司、追回常平使，臣余生即便做个太平之世的老百姓，也特感幸运。但如果不，陛下就是把我安置在两府，不过白白地使天下人指责臣贪恋荣华，对陛下来说，有什么用呢？

二月二十一日，司马光又上《辞枢密副使第四札子》，我们从中获知，当天神宗又派勾当御药院陈承礼传宣，令司马光即日入见。司马光说"臣仰烦圣恩重沓如此，虽顽如木石，亦当迁变"，然后说到自己的坚持，他说所以如此，是因为"荷盛德者必有以酬报，居重位者不可以无功"。当今为害天下的，唯有制置三司条例司，及诸路提举勾当常平、广惠仓使者。"若陛下朝发一诏罢之，则夕无事矣！"倘若以为是，请早赐施行；若以为非，则自己是"狂愚之人"。如今英俊满朝，却要提拔狂愚，使污枢府，"岂不为圣政之累也"。

二月二十二日，司马光再上《辞枢密副使第五札子》。由此可知，神宗当天再命勾当御药院李舜举传宣，令司马光即日赴合门领受敕告。

我们读到司马光的不安："陛下圣恩无穷，愚臣辞避不已。逮下之德愈盛，慢上之罪愈深。忧惶失图，无地自处。"他重申二十日的奏疏，说陛下若能施行，胜过任自己为两府大臣，而自己若得此言施行，也胜过居两府之位。但倘若所言无可采，"臣独何颜敢当重任"！

由"贴黄"我们知道，神宗曾命李舜举传圣旨，说枢密院"本兵之地"，各有职分，不应再以他事为由推辞。司马光说臣如今若已受枢密副使的敕告，即诚如圣旨，不敢再谈职外之事；但既未受恩命，那自己还是侍从之臣，于朝廷阙失，无不可言。何况所说两件事，都是去年已有上奏，因其无效，故而不敢当今日新恩。因此臣不算"侵官"，请圣明裁察。兼臣右膝下现生一疮，有碍拜起，不能入见，伏望圣慈再不差使臣宣召，臣只候膝疮稍愈，即"自乞入见，面奏悬诚"。

二月二十七日，司马光最后上《辞枢密副使第六札子》，我们由此知道，这一天神宗再派勾当御药院刘有方传宣、慰问，并问司马光计划哪天入见。司马光表示感激："圣恩深厚，不忘微贱，存恤勤至。臣蝼蚁之命，无足报塞，惶恐无措。"然后，他说自己现在膝疮虽稍减轻，但尚未痊愈，仍然有碍拜起，所以也不知道可以入见的具体日期。不仅如此而已，自己近曾上疏，请罢制置三司条例司，及追还诸路常平、广惠仓使者，但未听说朝廷"少赐采录"，只听说条例司"愈用事"，催散青苗钱"愈急"，内外人心"愈惶惶不安"，自己这种时候，"独以何心敢当高位"，所以"宁被严谴，未敢辄出"。听说古代国有大事，"谋及卿士，谋及庶民，参酌下情，与众同欲"，因此"事无不当，令无不行"，未尝有四海之内，"卿士大夫、农商工贾，异口同辞，咸以为非"，却"独信二三人之偏见，而能成功致治者也"。伏望将臣近所上疏宣示内外臣庶，使共决是非，“若臣言果是，乞早赐施行；若臣言果非，乞更不差使臣宣召，早收还枢密副使敕告，治臣妄言及违慢之罪，明正刑书，庶使是非不至混殽，微臣进退有地，不为天下之所疑怪”。

司马光表达得已经足够明白，除非废除新法，他不会就任枢密副使。

三月初八，神宗又遣刘有方告谕司马光，令供职。当天，司马光入对。

司马光说：臣自知对朝廷没有帮助，朝廷施行的，都与臣所说相反。

神宗问：何事相反？

司马光答：臣说条例司不应设，又说不宜多派使者干扰监司，又说散青苗钱害民，岂非相反？

神宗说：都说不是法不好，只是所派非其人而已。

司马光说：以臣看来，法也不好！

神宗强调：原敕不令强行摊派。

司马光说：敕虽不令强行摊派，但使者都暗示令摊派。如开封府所辖十七县，只有陈留县令姜潜张榜公布，听任自来，请就发给，终无一人来请。由此看来，其余十六县，恐怕都不免摊派！

神宗敦谕再三，司马光再拜，坚辞。

王安石已于二月二十一日复出治事，推行青苗法，更加坚定。神宗暂时还无意废除新法，所以不再坚持。司马光第六次辞免枢密副使之后不久，得旨听许。

三月十七日，知通进银台司范镇被免职。当时，韩琦极论新法之害，诏送条例司分条辩驳；李常请罢青苗钱，诏分解辨析。范镇全部封还。诏五下，范镇坚持如初。司马光辞枢密副使，神宗许之，范镇又封还诏书，说：“臣所陈，大抵与光相类，而光追还新命，则臣亦合加罪责。”

神宗令再送范镇行下，范镇又封还，说："陛下自除光为枢密副使，士大夫交口相庆，称为得人，至于坊市细民，莫不欢庆。今一旦追还诰敕，非惟诏命反汗，实恐沮光谠论忠计！"（反汗，出尔反尔。）

政见不同　宁可外任

熙宁三年（1070年）四月以后的一系列任免，显得颇为反常。

四月初八日，御史中丞吕公著以言新法不便，及吕惠卿奸邪、不可用，出知颍州（治今安徽省阜阳市）。吕公著与王安石"素相厚"，王安石曾说："吕十六（吕公著排行十六）不作相，天下不太平。"后来举荐吕公著为御史中丞，又说吕公著有"八元""八凯"之贤。我们知道，相传古帝王高辛氏有才子八人，称为"八元"；高阳氏也有才子八人，称为"八凯"。可是半年不到，吕公著不赞成王安石变法，王安石又说吕公著有"欢兜""共工"之奸。我们还记得，此前河北安抚使韩琦曾极言青苗法不便，神宗不听。孙觉当时对神宗说："今藩镇大臣如此论列而遭挫折，若当唐末、五代之际，必有兴晋阳之甲，以除君侧之恶者矣。"吕公著与孙觉都有一副好胡须，都是美髯公，神宗只记住了美髯。时间一久，就错把吕公著当成了孙觉，曾对辅臣们说，公著上殿，言朝廷挫折阻挠韩琦太甚，将兴晋阳之甲，以除君侧之恶。王安石就以此莫须有的罪名，将吕公著贬出。

四月十九日，以前秀州（治今浙江省嘉兴市）军事判官李定，为太子中允、监察御史里行。

李定，字资深，扬州人，早年受学于王安石。登进士第，任定远县（今安徽省定远县）县尉、秀州判官。熙宁二年（1069 年），因孙觉举荐，召至京师。李定初至京师，先去拜谒了谏官李常，李常问：你从南方来，老百姓以为青苗法怎么样？李定说：都认为很好，没有不喜欢的。李常告诫：朝廷上下正争论此事，你别这样说。李定立即跑去跟王安石讲了，并说：李定只知说实话，不知京师却不许。王安石大喜，立即推荐上朝应对。神宗主意始定。王安石让李定知谏院，宰相说以李定的资历，没有这种先例。改为太子中允、监察御史里行，知制诰宋敏求、苏颂、李大临，都认为这不符合程序，拒绝起草任命文件。诏谕数四，坚持不肯。最终，三人以屡违诏命，被免去知制诰，时称"熙宁三舍人"。

不久，御史陈荐上疏，说李定任泾县（今安徽省泾县西北）主簿的时候，得到母亲仇氏的死讯，隐匿不为服丧。诏下江东、淮、浙转运使调查，奏说李定曾以父亲年老求归侍养，没说是为生母服丧。李定辩称不知自己为仇氏所生。曾公亮认为李定应当补服。王安石力主李定出任御史里行。于是陈荐又被免职。改任李定为崇政殿说书，御史林旦、薛昌朝都说，李定不孝，不宜居劝讲之地，并认为王安石有罪，章六七上。王安石又请免二人。李定不自安，请求解职。最终，李定以集贤校理、检正中书吏房、直舍人院同判太常寺。

五月初二日，司马光上《论李定札子》，我们从中得知，当时宋敏求等已多次封还"词头"，数日以来，外间都说朝廷已因此撤销了任命，但当天又有传闻，说有札子行下舍人院，令必须草拟。司马光担心此举会让朝臣们变得苟且，会塞绝言路。在"贴黄"中司马光又补充说，国家破格用人，自无常法，但必须要让众人心服才好。臣与李定素不相识，不知其品行才能如何，陛下若确知其贤，“何不且试之以渐，俟其功效显著，众皆知之，然后不次擢用”，到时候谁说不行？何必今日与臣下力较胜负！“殆非人君广大之体也”。此时的神宗皇帝，像是被绑架了一样，全由王安石说了算。

四月二十三日，以淮南转运使谢景温为工部郎中，兼侍御史知杂事。谢景温“雅善”王安石，两人关系不错，而且，谢景温的妹妹嫁给了王安石的弟弟王安国，算是姻亲。

当初，王安石屡劝神宗独断，神宗遂专门信任他。苏轼曾为开封府试官，策问进士以“晋武平吴以独断而克，苻坚伐晋以独断而亡，齐桓专任管仲而霸，燕哙专任子之而败，事同而功异，何也？”王安石看了很不高兴。苏轼此前曾多次上疏，论时政得失，王安石已大为不快。当时诏举谏官，范镇举荐了苏轼。谢景温怕苏轼作了谏官会对王安石不利，就弹劾苏轼，说当年苏轼的母亲去世，他归蜀服丧，多占舟船，贩运私盐、苏木。这相当于倒卖国家专营物资，为当时法律所禁止。朝廷派人缉捕艄公、船夫，却查无实据。苏轼觉得很受伤，不久，乞外任，遂出判杭州。

大概正是这些不寻常的任免，促使司马光做出决定，离开京师。

八月初八日，垂拱殿奏对，司马光请知许州，或西京留司御史台、国子监。

神宗说：卿怎能外任，朕正要重申前命（指枢密副使的任命），卿且接受了。

司马光婉辞：原职臣且不能上任，请求外补，又哪敢当得提拔？

神宗问：为什么？

司马光答：臣绝不敢留。

神宗沉吟良久，说：王安石素与卿友善，卿为何猜疑？

司马光说：臣是素与安石友善，但自安石执政以来，抵触甚多。今违逆安石如苏轼等，安石完全抛弃操守，陷以酷法。臣不敢避削黜，苟全操守。臣与安石友好，岂如吕公著？安石举荐吕公著时说什么？后来诋毁他又说什么？不过同一个人，为何前是而后非？肯定有一种说法不真实。

神宗说：安石与公著关系密切，如胶似漆，但至其有罪，不敢隐恶，这说明安石极公正啊。

神宗又说：青苗法已有显著成效。

司马光说：此事非，天下共知，只有安石之党以为是罢了。

神宗转而言他：苏轼不好，卿错识了人。鲜于侁在远地，苏轼传给他奏稿；韩琦赠银三百两他不要，却贩盐及苏木、瓷器。

司马光认为不可能：凡批评人应先弄清他的意图，苏轼贩卖所得，岂能多过赠银？安石一向恨苏轼，陛下岂不知？以姻亲谢景温为鹰犬，攻击苏轼，臣岂能自保？不可不早去。而且苏轼虽不好，岂不胜过李定？李定不服母丧，禽兽不如，安石却喜欢他，要用为台官。

从这段对话来看，司马光大概认为，与其遭到攻击被迫离开，不如趁早自请外任。

九月二十三日，延和殿奏对，司马光再请许州及西京留台。

神宗问：必须许州吗？

司马光答：臣哪敢必须，只要稍近乡里，即臣之幸。

神宗又问：西京怎样？

司马光又答：恐非才士不行，不过，若朝廷差遣，不敢辞。

然后，拜谢而退。

已经在讨论具体去向。从以上对话来看，当时神宗曾打算让司马光去西京留台任职。

但很快有了变化。

九月二十六日，司马光得到消息，已除端明殿学士、知永兴军。几天后，消息得到证实，十月初五日，敕受永兴军敕告。后又受宣永兴一路都总管、安抚使，凡事长施行及传宣永兴军（指京兆府，治今陕西省西安市）、同（治今陕西省大荔县）、华（治今陕西省华县）、乾（治今陕西省乾县）、商（治今陕西省商洛市）、虢（治今河南省灵宝市）、解州（治今山西省运城市盐湖区解州镇），陕（治今河南省三门峡市西）、河中（治今山西省永济市蒲州镇）、庆成军（治今山西省万荣县荣河镇）依此。就是说，司马光的都总管及安抚使的管辖权，限于以上十个腹地州军。

司马光已经接受任命，但他还不能立即赴任，有些事情他必须做出安排，比如书局。这样，一个月很快过去，已是十一月。

十一月初二日，司马光上《乞免永兴军路苗役钱札子》，说陕西百姓自筑城绥州以来，供应诸般科配，就是临时的加税，及支移税赋往近边州军，最近又有环庆事宜，加以今年大旱，五谷不熟，人户流离转徙，听说已有不少，国家应紧急抚恤，使人户安定。青苗法已为害不小，而免役法为害，必又甚于青苗法。请特免永兴军一路青苗、免役钱，以爱惜民力，专奉边费。

不久，又上《乞不令陕西义勇戍边及刺充正兵札子》，说近曾听说，环庆路调集义勇迎敌，结果望风奔溃，死伤甚多，致使主将陷没。又听说有人还要训练义勇，抗击西贼。若继续调发戍边，或刺充正兵，大家已见环庆之败，好比无罪赴死，不免人心惶惶。这是驱良民为盗。恐怕今天的教习训练，就成了他日为盗的资本。

很快，再上《乞留诸州屯兵札子》。我们从中得知，当时永兴军等十个腹地州军，掌握的禁军极少。所屯驻基本都是沿边到内地就粮、解决给养的兵士。他们平时分为上下两拨，有一半在各州；稍遇沿边紧急，就全部抽去。司马光认为，戎狄犯边，自应竭力抵御；但腹地州军，也不可全无武备。而且，各州军都有军用物资及武器，对可能出现的内乱，也不可不防。司马光建议各州应各添一指挥禁军屯驻，其中永兴军为关中根本，应添两指挥。若朝廷另无兵士可以差拨，就请在沿边就粮的兵士内拨留，边界再不许抽调。（指挥，宋代军队编制单位，五百人为一指挥。）

在离开之前，司马光连上这样三个札子，他的意思很明白：青苗、免役钱有害无益，既然全国不免，那起码在我的辖区内免了；义勇还是不要戍边或刺充正兵；至于拨留诸州屯兵，自然是出于地方安全的考虑。

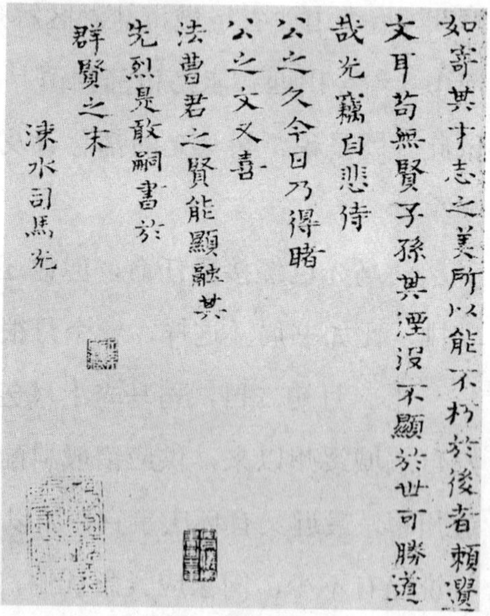

司马光《天圣帖》

第二节　功 绩

身为礼官　恪尽职守

宋仁宗庆历八年（1048 年），司马光被召试馆阁校勘，并获通过；不久，兼同知太常礼院。太常礼院的职责，就是研究并制定朝廷的礼仪制度，有判院、同知院共四人。

仁宗皇祐二年（1050 年），入内都知麦允言卒，诏赠司徒、安武节度使。“司徒”是最高级别的官员加衔，是“三公”（太尉、司徒、司空）之一，非常尊贵，通常只封给宰相一级的官员。又诏允言有军功，特给卤簿；但下不为例。仁宗皇帝与宦官麦允言关系密切，感情很深，所给身后哀荣，超越了相关规定。

九月十四日，司马光上《论麦允言给卤簿状》，说：孔子曾讲，只有器与名，不可以随便给人。爵位标志尊卑，就是名；车马服饰等表示威仪，就是器。人君以二者安抚臣子，治理国家，因此不可不重视。麦允言只是一近臣，没有绝大的功劳，却赠以三公级别的官，给以一品卤簿。陛下本想示之恩宠，反而增加了他的罪过，是拖累了他。为什么呢？三公之官与卤簿，都不是他一个近臣应得的。陛下念他服侍多年，活着让他享尽荣华富贵，死了又超规格给他送终，吹吹打打，煊赫道路，这是在宣扬他越礼过分的罪过，让天下人侧目扼腕地恨他，这可不是什么荣耀。又说：不要让天下人暗暗指点，认为是朝廷的过错。

仁宗是位仁义的皇帝，很重感情，即便对宦官也是如此。显然，反对的风险不小，皇帝会不高兴。这就是司马光，勇气满满。我们不难看出，司马光的进谏很有策略，他不温不火，徐徐道来，既温和又坚定，站在皇帝的角度，考虑举措的得失，这样的进谏，自然容易接受。果然，“仁宗嘉纳之”，仁宗愉快地接受了。

仁宗皇祐二年（1050年）闰十一月初六，任三司使、户部侍郎张尧佐为宣徽南院使、淮康节度使、景灵宫使。这三个使都是虚衔，但极为高贵。初七，又加授张尧佐同群牧制置使。群牧司是宋代最高马政机构，群牧制置使是它的副长官。初八，再赐张尧佐的两个儿子张希甫、张及甫进士出身，卫尉寺丞张希甫为太常寺太祝。张尧佐何许人呢？他为什么有这么好的运气？原来，张尧佐的侄女此时正受宠，所谓爱屋及乌，而执政大臣又一味迎合。初十，知谏院包拯等谏止，不听。十一日，御史中丞王举正上殿，力言擢用张尧佐不当，仍不听。十五日退朝，王举正留百官班廷谏，又率殿中侍御史张择行、唐介，及谏官包拯、陈旭、吴奎，在仁宗前极力劝谏。然后，又于殿廊严词指责宰相。仁宗听到，派中使传旨，百官才退去。十六日下诏，自今以后，台谏官集体上殿，必须先向中书省报告。当时仁宗怒气冲冲，大臣多不再言语。

十二月，司马光上《论张尧佐除宣徽使状》，首先说：臣听说圣明的君主费心求谏，和颜悦色地接受，士人还战战兢兢不敢进，更何况镇之以威，压之以重。这样还指望忠臣来，直言入，一个字，难。臣不忠，言不直，还希望天下太平，万事致治，根本没那回事。接着他打了个比方：听说有一瓜农，特别爱护自己的瓜秧苗，盛夏的正午，太阳当头照，他生怕瓜秧苗被缺水晒坏了，不辞辛劳去浇水，结果瓜秧苗转眼就蔫了。种瓜人不是不够勤劳，只是水浇得不是时候，反而把苗害死了。陛下提拔尧佐，已远远过分，天下侧目扼腕地恨他，对他深恶痛绝，您又打击忠臣直谏，加重他的罪过，您这是烈日当空给瓜秧浇水。臣私下都为尧佐感到寒心，陛下却不为他深谋远虑吗？您拒绝召见台谏官的当天，阴雾弥漫，遮天蔽日，树木结冰，终日不化。根据有关书籍，这是阴气太盛，遮蔽了阳光，上下闭塞，疑惑不决的标志。陛下天性纯孝，严敬天命，容纳直言，深明得失。这不是我恭维您，实在是人所共知。为什么独独因为一个张尧佐，却置天戒于不顾，弃忠言而不从，把祖宗的爵禄不当回事，忽略历史上的前车之鉴，书之史册，使天下人议论纷纷，影响您高大完美的光辉形象呢？最后，司马光语重心长地表示：君主实在想干的事，大臣谁也拦不住，但从今往后，恐怕再有比这更大的事情，大家只有沉默不语，袖手旁观了，这对朝廷来说可不是什么好事。不然的话，群臣如朽木，陛下如雷霆，哪里是您的对手？司马光的进谏，并非一味说教，他很讲究策略，站在仁宗的角度考虑问题，时时处处为皇帝着想，虽然是劝谏，听来却不让人感到刺耳。

仁宗皇祐四年（1052 年），司马光三十四岁，已有相当声望。夏四月，秀州（治今浙江省嘉兴市）真如草堂的清辨和尚来访。清辨不远千里来到京师，是想请司马光为他们的讲堂写一篇文章，刻石以劝勉来者。司马光本不信佛，请他另找别人，但清辨坚决不肯，因此有《秀州真如院法堂记》。

司马光不信佛，但对佛并不缺少知识。司马光在文章中写道：佛大约是西域的一位贤者，其为人清俭寡欲，慈惠爱物。佛穿破旧的衣服，吃蔬菜、粗米等简单的食物，独自住在岩洞里，远离妻子儿女，自己需求很少，就是怕麻烦别人。佛即便草木虫鱼也不敢妄杀，大概是要与万物并生，而不互相伤害。佛做这些的目的，都是要清洁自身，不为外物所累。而后世学佛的人，因为时日久远，以讹传讹，无不过分夸大先师的教导，穿凿附会，拿怪话吓唬俗人，以谋取钱财，取巧经营，贪得无厌。这些，已经背离了佛最初的志向。

仁宗皇祐四年（1052 年）七月，司马光又与礼院同僚共上《论夏竦谥状》。此前前宰相夏竦卒，仁宗以夏竦曾是自己做太子时的属官，因此特赐谥“文正”。

夏竦其人如何呢？史书上说，夏竦，字子乔，当世以为奸邪。此人天分极高，而且好学，经史、百家、阴阳、律历，以至佛老之书，无所不通。夏竦以文学起家，文章“典雅藻丽”，有名一时，朝廷大典所需文字，多次交给他，是公认的“一支笔”；他认识很多战国时期通行于六国的文字，又学古文字，非常刻苦，到了夜间，还拿手指头在身上写写画画，是个勤奋的古文字学家。此人治军极严，敢杀。曾有戍卒集体抢劫，各州郡都没办法。有人秘密告诉了夏竦。夏竦当时在关中，等戍卒一到，夏竦召来责问，几乎全部杀光，军中为之大震。夏竦的威信大都是这样树立起来的。但此人生性贪婪。夏竦曾派仆人经商，仆人贪污，夏竦“杖杀之”。夏竦家财万贯，用度奢侈，生活腐化，“畜声伎甚重”。

而且，常暗地离间部下，使相互猜疑，以达到个人的目的。跟家人也是这样，夏竦娶妻杨氏，杨氏也擅文章。后来夏竦官做大了，身边养了不少女人，夫妻关系就紧张起来。杨氏和娘家兄弟一起搜集了夏竦违法犯罪的事实，然后告官；又夏竦的母亲和杨氏的母亲对骂，拉拉扯扯诉至开封府。夏竦急于升迁，做边防官的时候，心不在焉，不肯尽力。显然，“文”夏竦当得起，而“正”夏竦当不起。

司马光在奏状中首先说，《大戴礼》讲：“谥者行之迹也。”行由己出，名由人生，以此劝善抑恶，不可偏私。又说臣等叨预礼官，谥有得失，职责所在，不敢默默。从司马光的叙述中我们得以了解，赠谥通常的做法是，王公及职事官三品以上，先录行状报到中书省，经核实修订，下太常礼院拟谥，然后再报中书省上奏。仁宗大概知道夏竦的名声不大好，因此定谥于中，而后宣示于外，就是说仁宗自己就定了，没经过中书省和太常礼院。司马光劝道：文与正，两个最美好的谥号，虽以周公之材，不敢兼取，何况夏竦？所谓名与实不副，谥与行相悖！传之永久，何足效法？又说：朝士大夫畏惧夏竦子孙，不敢明说，但四方之人，耳目昭昭，必定会认为，夏竦行为如此而谥文正，这就是不把谥号当作天下公器，而是出于天子的私恩。讥评国家过失，岂是小事！

很快，又上《论夏竦谥第二状》。不久，圣旨改谥“文庄”。

皇帝不得不作出让步。

司马光的奏札当中，引到孔子的话：器与名不可以随便给人。又曾说：皇帝以二者治理国家、安抚臣子。赠谥可以归入名的范畴，器与名乃天下之公器。在这个公器面前，皇帝也不可以随便，必须公正，不能偏私。

司马光劝谏的出发点就在这里。

任职门下 请废新法

元丰八年（1085 年）三月初七，神宗驾崩于福宁殿，年仅三十八岁。皇太子赵煦即皇帝位，是为宋哲宗；尊皇太后为太皇太后、皇后为皇太后；一切军国大事，“并太皇太后权同处分”，就是说皇帝尚且年幼，一切国家大事，暂由太皇太后协同处理。

三月十七日，司马光离开西京洛阳，前往京师奔丧。

司马光的京师之行场面相当壮观。史书上说：“（司马光）帝崩赴阙临，卫士望见，皆以手加额曰：‘此司马相公也。’所至民遮道聚观，马至不得行，曰：‘公无归洛，留相天子，活百姓。’”——卫士们见司马光来，都以手加额，向他致敬，说这就是司马宰相；所到之处，老百姓拦路围观，以致马不能前，都说先生别回洛阳了，留下来做宰相吧，辅佐天子，拯救黎民。

宋人张淏的叙述更富戏剧性：“司马温公元丰末来京师，都人奔走竞观，即以相公目之。左右拥塞，马至不能行。及谒时相于私第，市人登树骑屋窥之，隶卒或止之，曰：‘吾非望而君，愿一识司马公耳。’至于呵叱不退，而屋瓦为之碎，树枝为之折。”——司马光元丰末来京师，人们奔走相告，争相观看，即视为宰相。道路拥堵，马不能行。去当时的宰相府邸拜谒，市井百姓攀上树、爬上房观看。有人制止，回答说：我不是看你家主人，只愿一睹司马先生！高声呵斥他，不肯下来，以至于屋瓦被踩碎，树枝被压折。

百姓的呼声很高，神宗皇帝也相当看重。据载，元丰四年（1081年）改革官制，神宗先对宰辅说："官制将行，欲取新旧人两用之。"又说："御史大夫非司马光不可。"元丰七年（1084年）秋宴，神宗染疾，始有建储之意，对辅臣说："来春建储，其以司马光、吕公著为师保。"我们知道，师保是官名，主要负责辅佐帝王和教导贵族子弟，有师和保，统称师保。

但老百姓的热情让司马光感到恐惧："公惧，会放辞谢，遂径归洛。"就是说司马光很害怕，当时正好允许不辞而别，就径直回了洛阳。而"太皇太后闻之，诘问主者，遣使劳公，问所当先者"。意思是说，太皇太后听说司马光离去，就责问有关负责人，然后又派人去洛阳慰劳，并询问司马光治国应以何事为先。

三月二十三日，司马光上《谢宣谕表》。从中我们得知，三月二十二日，太皇太后曾遣入内供奉官梁惟简宣谕："邦家不幸，大行升遐，嗣君冲幼，同摄国政，公历事累朝，忠亮显著，毋惜奏章，赞予不逮。"意思是说国家不幸，神宗驾崩了，新即位的哲宗皇帝太年幼，自己不得已暂同理政，先生元老重臣，特别忠诚刚直，请不惜奏章，尽力辅佐。

此后，司马光即连上数章：三月三十日，上《乞开言路札子》；四月十九日，上《进修心治国之要札子》；四月二十七日，上《乞去新法之病民伤国者疏》；四月所上还有《乞罢保甲状》《乞开言路状》等。

四月，以资政殿学士司马光知陈州（治今河南省淮阳县）。五月，诏知陈州司马光过阙入见。当时，"使者劳问，相望于道"。就是说派去慰问司马光的人，道路相望，一拨接着一拨。

元丰八年（1085年）的五月二十三日，司马光抵达京师。

此前的四月十一日，诏："先皇帝临御十有九年，建立政事，以泽天下，而有司奉行失当，几于繁扰，或苟且文具，不能布宣实惠。其申谕中外，协心奉令，以称先帝惠安元元之意。"意思是说先帝在位十九年，励精图治，以期泽被天下，但有关部门奉行失当，致使政令繁苛扰民，或者空具条文，不能让老百姓得到实惠。今谨申谕朝廷内外，同心奉令，以称先帝慈爱天下众生之意。五月初五日，"诏百官言朝政阙失，榜于朝堂。"就是在百官中征求意见，诏书仅在朝堂上公布。

现在，司马光已经来到京师。太皇太后派人将五月初五日的诏书给他看，司马光于是上《乞改求谏诏书札子》，提出修改意见。

五月二十七日，诏除司马光门下侍郎。官制改革后的门下侍郎，相当于过去的参知政事，就是副宰相。司马光接到合门的告报，是在这一天的晚上。

五月二十八日，司马光立即上《辞门下侍郎札子》，以自己年老体衰，精力不济，请太皇太后收回成命。同一天，又上《请更张新法札子》。

隔天，司马光再上《辞门下侍郎第二札子》，谈到熙宁三年（1070年）枢密副使的任命，说自己贪爱富贵与常人无异，所以终辞不拜，只因所言无足采纳。然后说："未审圣意以臣前后所言，果为如何？若稍有可采，乞特出神断，力赐施行，则臣可以策励疲驽，少佐万一。若皆无可采，则是臣狂愚无识，不知为政，岂可以污高位，尸重任，使朝廷获旷官之讥，微臣受窃位之责？"司马光的意思很明白，就是说如果我提的建议尚可采纳，就请施行出来，我愿意就任；如果无可采纳，那可万万不敢从命。

从这个奏疏我们还可以得知，当天太皇太后派中使梁惟简赐手诏，说：“赐卿手诏，深体予怀，更不多免。嗣君年德未高，吾当同处万务，所赖方正之士，赞佐邦国，想宜知悉，再宣谕。前日所奏乞引对上殿讫赴任，其日已降指挥，除卿门下侍郎，切要与卿商量军国政事。早来所奏，备悉卿意，再降诏开言路，俟卿供职施行。”太皇太后已经给出肯定的回答，司马光于是不再辞让。

元丰八年（1085年）五月以后，变法时期遭到排挤的一些官员，已被陆续召回京师或者恢复官职：五月初六日，诏苏轼官复朝奉郎、知登州。五月初七日，诏吕公著乘驿传进京。五月初八日，以程颢为宗正寺丞。（六月十五日，程颢卒。）六月十四日，以资政殿学士韩维知陈州；未行，召兼侍读，加大学士。六月十六日，以奉议郎、知安喜县事、清平人王岩叟，为监察御史。七月初六日，以资政殿大学士兼侍读吕公著，为尚书左丞。九月十八日，以秘书少监刘挚，为侍御史。同月，召朝奉郎、知登州苏轼为礼部郎中。

司马光当时有一封写给范纯仁的信，信中说：

光愚拙有素，见事常若不敏，不择人而尽言，此才性之蔽，光所自知也。加之闲居十五年，本欲更求一任散官，守候七十，即如礼致事；久绝荣进之心，分当委顺田里，凡朝廷之事，未尝挂虑。况数年以来，昏忘特甚。诚不意一旦冒居此地，蒙人主知待之厚，特异于常，义难力辞，黾勉就职。故事多所遗忘，新法固皆面墙，朝中士大夫百人中，所识不过三四，如一黄叶在烈风中，几何其不危坠也？又为世俗妄被以虚名，不知其中实无所有。上下责望不轻，如何应副得及。荷尧夫知待，固非一日，望深赐教，督以所不及；

闻其短拙，随时示谕，勿复形迹。此独敢望于尧夫（范纯仁字尧夫），不敢望于他人者也。光再拜。

这是一封求助信，请求范纯仁随时指出自己的错误。从信中我们可以了解司马光原先的打算、当时的身体状况、接到任命后朝中的情形，以及他自己的心理感受。

范纯仁像

六月二十一日，吕公著入宫觐见，上奏十事：一、畏天，二、爱民，三、修身，四、讲学，五、任贤，六、纳谏，七、薄敛，八、省刑，九、去奢，十、无逸。太皇太后遣中使宣谕："览卿所奏，深有开益，当此拯民疾苦，更张何者为先？"二十八日，吕公著又有回奏。

七月初一日夜，太皇太后派人将吕公著的奏章送来，要司马光看看其中的利弊，及其人有无兼济之才，合适与否，直书上奏。司马光读过之后，说："臣自公著到京，止于都堂众中一见，自后未尝私相见及有简帖往来。今公著所陈，与臣所欲言者，正相符合。盖由天下之人皆欲如此，臣与公著，但具众心奏闻耳。"意思是说他和吕公著此前未有沟通，但吕公著所奏正是自己想要说的。大概人心所向如此，他和吕公著不过反映了群众的呼声而已。又说："公著一言而天下受其利，可谓有兼济之才；所言无有不当，惟有保甲一事，欲就农隙教习，臣愚以为朝廷既知其为害于民，无益于国，便当一切废罢，更安用教习。”意思是说吕公著确有兼济之才，所说没什么不合适，只有保甲一事，公著打算趁农闲时节训练，臣以为朝廷既已知其对百姓有害、对国家无益，就应当全部废除。

入为宰相　位极人臣

宋哲宗元祐元年（1086 年）闰二月初二日，正议大夫、守门下侍郎司马光，依前官守尚书左仆射兼门下侍郎，就是宰相。同一天，尚书左仆射兼门下侍郎蔡确以观文殿大学士，出知陈州。

当天，司马光上《为病未任入谢札子》。从中我们得知，当时已有合门承受范禹臣告报，前来通知，说已降白麻，任司马光尚书左仆射兼门下侍郎，并令当日入宫谢恩。宋代任命宰相的诏书，通常用白麻纸书写。我们知道，正月二十一日，司马光已请病假。司马光说：“臣先为久病在假不能朝参，乞一宫观差遣，未奉谕旨；今忽闻制命，超升左辅，俾之师长百僚，岂臣空疏所能堪可！臣方别具悃款辞免，未敢祗受。”意思是说自己才疏学浅，难当此任，将另上奏疏辞免，不敢接受。又说：“况臣即今以久病少力，足疮未愈，步履甚艰，拜起不得，未任朝见。乞候臣筋力稍完，入觐宸扆，面陈至诚。”意思是说自己久病乏力，又有脚疮，步履艰难，不能拜起，因此无法朝见。等身体稍好点儿，即入朝觐见，当面陈述缘由。

不久，司马光就上《辞左仆射第一札子》，讲了四条理由：第一，资性愚钝，学术肤浅；第二，近患疾病，久不朝参；第三，朝中人才济济；第四，执政中自己位列第四，按次序也不该轮到自己。

从其后的《辞左仆射第二札子》我们知道，之前的辞免，未获批准。而且，当月初六日，又派东上合门副使王舜，直接将任命的告身，送到了司马光的家里。司马光仍然表示不敢接受，并请将告身暂留合门。

闰二月稍晚，司马光再上《辞左仆射第三札子》。由此我们得知，当天早晨，又有勾当御药院冯宗道传宣，并带来御批，令尽早接受。司马光在札子中写下他的慌乱：“臣上戴天恩，下顾无状，进退维谷，无地自处。”然后再次谈到自己的才能、禀赋、身体状况，以及他的担心：“才性长短，敢不自知。赋分于天，朴钝戆直，至于守事君之忠，怀爱民之志，不为欺罔，不涉佞邪，如此数条，臣敢自保；然烛理不明，见事不敏，度量褊隘，关防浅露，若位以元宰，委之机务，分画措置，必有差违。至时虽自纳于刑，亦无所益。臣非敢爱身，实恐误国。况臣之少壮犹不如人，今年齿衰老，目视近昏，事多健忘，目前所为，转首不记，举措语言，动多差失，自近病来，耳颇重听，此皆事实，众所共见，非臣以虚辞文饰如此，岂可首居相位，毗赞万几。”

其后，司马光又请以文彦博代替自己，自己继续任门下侍郎。不听。

帝国高层的意图很清楚：宰相非司马光莫属。

后来邵伯温在京师汴梁见到位居宰相的司马光，他这样描述道：“其话言服用，一如在西都时。”并且，“清苦无少异。”说话语气与穿戴用度，与在洛阳时完全一样，守贫刻苦也同往日。司马光宠辱不惊。

司马光做宰相时，曾亲书“榜稿”，就是启示，张贴在客位，内容如下：“访及诸君，若睹朝政阙遗，庶民疾苦，欲进忠言者，请以奏牍闻于朝廷，光得与同僚商议，择可行者进呈，取旨行之。若但以私书宠谕，终无所益。若光身有过失，欲赐规正，即以通封书简分付吏人，令传入，光得内自省讼，佩服改行。至于整会官职差遣、理雪罪名，凡干身计，并请一面进状，光得与朝省众官公议施行。若在私第垂访，不请语及。某再拜咨白。”——来访诸君，若见朝政缺失，或黎民疾苦，欲进忠言，请以奏章上报朝廷，我将与同僚商议，择可行的进呈圣上，领旨施行。如只以私信垂示，终无益处。如果我自己有过失，欲赐匡正，请以书信交门吏传进，我将深刻反省，谨遵改正。至于升迁官职，或者洗雪冤屈，凡与自身相关，都请一律呈状，我将与朝廷众官公议施行。若在私第垂访，请勿谈及。司马光再拜谨禀。司马光这是要将公事与私事分开，公事要公办，家里勿提及，这样可以避免私人感情左右公正。

据说，宰相司马光常常询问官员们：俸禄够不够家庭开销？有人不理解，去问，司马光回答他：“倘衣食不足，安肯为朝廷而轻去就耶？”意思是说，如果官员们成天要为生计操心，他还哪肯为朝廷效力呢？

司马光在相位，韩持国（韩维字持国）为门下侍郎，两人旧交甚厚。温公避父讳，每呼持国为秉国。当时有武臣来中书省陈事，“词色颇厉”，持国呵斥道：“大臣在此，不得无礼！”司马光作惶恐状，说：“吾曹叨居重位，覆餗是虞，讵可以大臣自居耶？秉国此言失矣，非所望也。”意思是说我等叨居重位，唯恐败事，怎可以大臣自居？秉国此言差矣。韩维惭愧不已，叹息良久。我们由此再次看到司马光的低调。

据说司马光有“草簿数枚”，常置左右，对宾客无论贤愚长幼，都以疑事询问，“苟有可取，随手记录，或对客即书，率以为常。”司马光主张国家的政策，要符合绝大多数人的愿望，这大概是他此举的目的所在。

范祖禹曾说："公为相，欲知选事问吏部，欲知财利问户部；凡事皆与众人讲求，便者存之，不便者去之，此天下所以受其惠也。"司马光绝不刚愎自用，也绝不独断专行，而是充分发挥各部门的作用。

司马光出任宰相后，辽及西夏的使者来，或者大宋的使者往，两国一定要询问到司马光的情况。辽国敕令边吏："中国相司马矣，慎毋生事，开边隙！"意思是说司马光做大宋的宰相了，切勿制造事端，挑起边界纷争。两国高层大概都厌倦了战争，对司马光的对外政策，也极为赞同。

据史书记载，司马光位居政府，凡王安石、吕惠卿所立新法，革除殆尽。有人告诫司马光："熙丰旧臣多憸巧小人，它日有以父子义间上，则祸作矣！"司马光正色道："天若祚宋，必无此事！"从这样的回答，我们可以想见司马光的义无反顾，为了国家的利益，他已顾不得自身。

邢恕曾得司马光举荐。元祐改革新政之初，邢恕暗示应为子孙考虑，司马光说："他日之事，吾岂不知。顾为赵氏虑，当如此耳。"邢恕生气道："赵氏安矣，司马氏岂不危乎？"司马光说："光之心本为赵氏，如其言不行，赵氏自未可知，司马氏何足道哉！"以司马光虑事深远，对日后的事绝不缺少判断，但为了国家，他把子孙后代的安全，都押上了。

卫尉丞毕仲游曾写信给司马光，说：

> 昔王安石以兴作之说动先帝，而患财不足也，故凡政之可得民财者，无不举。盖散青苗、置市易、敛役钱、变盐法者，事也；而欲兴作、患不足者，情也。盖未能杜其兴作之情，而徒欲禁散、敛、变、置之法，是以百说而百不行。今遂废青苗，罢市易，蠲役钱，去盐法，凡号为利而伤民者，一扫而更之，则向来用事于新法者，

必不喜矣。不喜之人，必不但曰不可废罢蠲去，必操不足之情，言不足之事，以动上意，虽致石而使听之，犹将动也。如是则废罢蠲去者，皆可复行矣。为今之策，当大举天下之计，深明出入之数，以诸路所积之钱粟一归地官，使经费可支二十年之用，数年之间，又将十倍于今日，使天子晓然知天下之余于财也，则不足之论，不得陈于前，然后新法永可罢，而无敢议复者矣。昔安石之居位也，中外莫非其人，故其法能行。今欲救前日之弊，而左右侍从职司使者，十有七八皆安石之徒，虽起二三旧臣，用六七君子，然累百之中存其数十，乌在其势之可为也。势未可为而欲为之，则青苗虽废将复散，况未废乎？市易虽罢且复置，况未罢乎？役钱、盐法，亦莫不然。以此救前日之弊，如人久病而少间，其父子兄弟喜见颜色、而未敢贺者，以其病之犹在也。

“故凡政之可得民财者，无不举”，凡可罗致百姓钱财的政策，无不大力推行，毕仲游的话真是一针见血。毕仲游的意思主要有两层：第一，各种新法只是标，用度不足才是本。如今废除新法，只是治标；要治本，必须使国家用度充裕，然后新法永可罢。第二，过去新法得以推行，因为朝廷内外全是王安石的人；现在仅靠二三旧臣、六七君子，势必难为，新法即便废除，也必定要恢复。

据史书记载：“光得书，耸然。”

当时司马光的想法，我们无法得知，以他的睿智，当然明白其中的道理。司马光可能会认为，积累起来的财富，都是民脂民膏，留用即为不义，而用度不足，根源在冗费；至于人事上，要达到那样的目的，就必须实施大规模的清洗，身为仁厚君子，他怎么可能那样做。

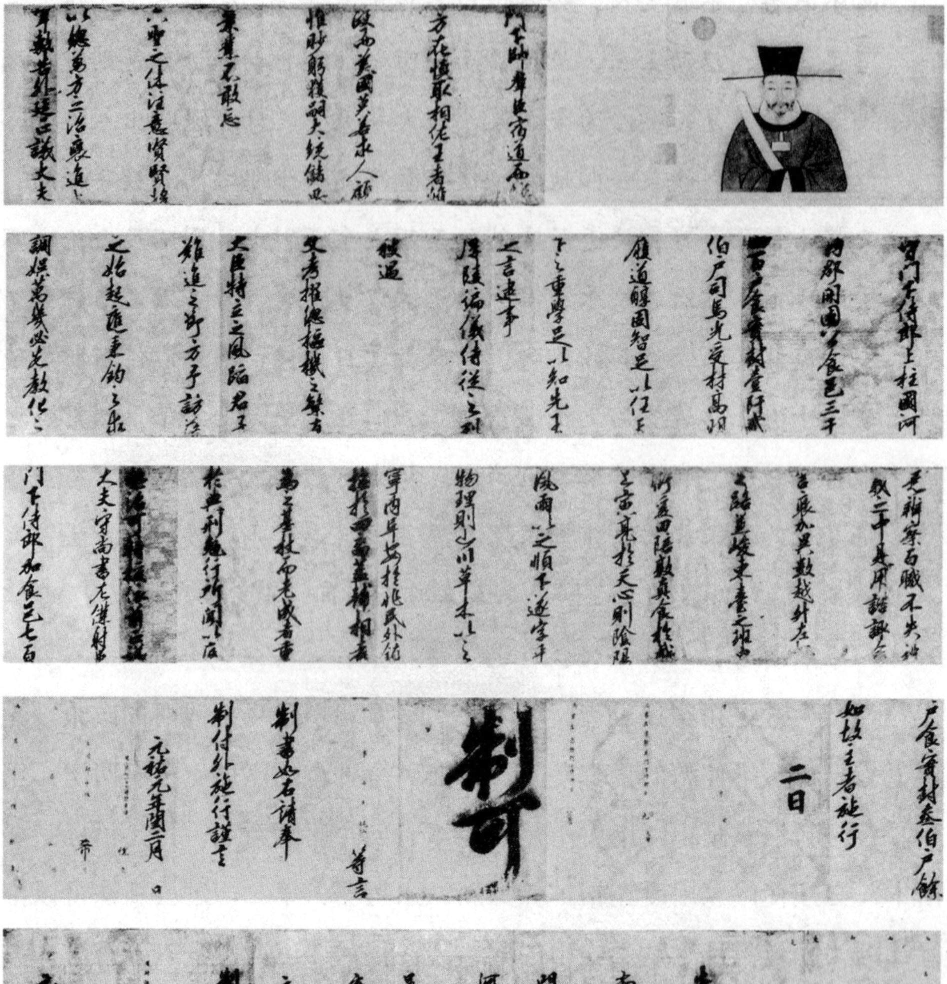

司马光除尚书仆射兼门下侍郎“告身”

第三节　悯 恤

六次上疏　请罢义勇

英宗治平元年（1064年）秋，西夏数次出兵，侵入秦凤路（包括今天甘肃省的大部，及青海省、宁夏回族自治区、陕西省等的一部分；北邻西夏）的泾州（治今甘肃省泾川县北）、原州（治今甘肃省镇原县），劫掠熟户（归附宋方的少数部族），袭扰边寨弓箭手，杀掠人畜数以万计。

我们都清楚，大宋帝国素号“积弱”，正规军规模庞大、数量惊人，但战斗力几乎为零，一有战事，就连吃败仗。

正规军靠不住，于是想到了义勇。

宋代的正规军即正军，分为禁军和厢军。禁军负责皇帝和京师的安全，以及征伐与戍边，平时多驻扎汴梁周边；厢军就是些老弱病残，常驻地方，起初只做些工程之类，后来也训练一部分。保捷军属禁军。所谓义勇，属乡兵，就是民兵。弓手或者乡弓手，是义务的公安人员，有点像我们今天的治安联防员；不过那时的公安人员，除了领导，基本都是义务的。

十一月二十二日至十二月初五日，在半月不到的时间里，谏官司马光接连六次上疏，请朝廷罢刺陕西义勇。

在《乞罢陕西义勇札子》中，司马光说他的消息是听来的，不知是实是虚；如果真的如此，就极不恰当。如今提议的人只奇怪陕西独无义勇，却不知陕西的百姓三丁之内已有一丁充保捷军了。自西部战事以来，陕西困于征调，与景祐（1034—1037 年）以前相比，民力减耗三分之二。加之近年屡遭灾荒，今年秋天小有丰稔，本指望能喘口气，可又值边鄙有警，人心已乱，若再听到此诏，必定大为恐慌，人人愁苦。况且眼下陕西正军甚多，不至缺乏，为何遽做此有害无益之事，重蹈覆辙呢？

在《乞罢陕西义勇第二上殿札子》中，司马光说臣前次上殿，请陛下留意备边，所谓备边，不是仅仅添屯军马，积蓄粮草而已，更在于择将帅、修军政。如今陕西沿边的正军，动辄数以万计，朝廷若能择有方略、胆识之人，任为将帅，使淘汰疲弱，选取精锐，勤加教习，明行赏罚，“则虽欲取银（银州，属西夏，治今陕西省榆林市南）夏（夏州，属西夏，治今内蒙古自治区乌审旗南）而税其地，擒赵谅祚而制其命，有何所难！”何况只是禁其劫掠？显然，在司马光看来，官军所以一再失利，不是数量不够多，而是治军无方。

然后，司马光提到朝廷康定（1040 年）、庆历（1041—1048 年）间的作为。他说当时因为元昊犯边，官军失利，朝廷曾登记陕西百姓为乡弓手。起初明出敕榜说，只是守护乡里，肯定不刺充正军、屯戍边境；可是敕榜还未收起，朝廷就全部刺充保捷，令于边州屯戍了。百姓都生长于太平之世，不识兵革，一旦调发为兵，自陕州以西，闾阎之间，如人人有丧，户户被掠，号哭之声，弥天亘野，“天地为之惨悽，日月为之无色”，往往逃避在外，官府就控制他们的父母妻儿，急加追捕，又出售他们的田产，充作赎金或者赏金。刺面之后，教头等贪图他们的家产，百般搜刮，衣粮不够，要到自家去取，屯戍边境之后，更要千里供送。祖辈、父辈的积累，日销月铄，以至于尽。况且平生所习，只是桑麻耒耜，至于甲胄弩槊，虽日日教习，仍不免生疏，又资性戆愚，加之怯懦，临敌之际，得便就想退走，不仅自己丢了性命，而且影响整个战阵。后来官府也知其无用，遂大加淘汰，发给“公凭”，任其自便。这些人可游手好闲惯了，不肯再辛苦作务庄稼，而且田产已空，即便想重操旧业，也再无可能，流离失所受饿挨冻，不知所终。老人们至今说起，仍长叹落泪。此为失策，明明白白，足以为戒，不足为法。

次日，司马光又上《乞罢刺陕西义勇第三札子》。从中我们知道，司马光昨日上殿呈递札子，又当面陈奏，之后，皇帝令送中书省、枢密院商议。司马光到了中书省、枢密院才知道，此事其实拟议已久，敕下本路，也已近十日。司马光说如今虽敕命已下，如果撤销，还是要胜过继续施行。百姓一经刺手（手背上刺字），则终身羁縻，不得自由，人情畏惧，不言可知。臣窃料今日的陕西，已是困窘慌乱，民不聊生了。若朝廷晏然坐视，毫不怜悯，为民父母者，就当如此吗？又说登记一路百姓为兵，可谓大事，而两府之外，朝臣中没有一个知道。臣备位谏官，听到以后，不避死亡，为陛下力言，若弃忽不顾，不为变更，今后朝廷号令再有过错，就无法挽回了。如此恐非国家之福。

在《乞罢刺陕西义勇第四札子》中，司马光说臣连日以来，熟思此事，确于民有世世之害，于国无分毫之利。河北、陕西、河东景祐以前本无义勇，凡州县各类杂役，都由上等有财力人户承担，乡村的下等人户，除夏、秋二税之外，再无大的差徭。如今当差点之际，教头等能不搜刮？这是在平常杂役之外，又添一种科徭！而且今日登记之后，州县义勇皆有常数，每有逃亡病死，州县必定补充，则义勇自身已羁縻以至老死，而子孙若有进丁，又不免刺为义勇，这是使陕西百姓，子子孙孙，常有三分之一为兵。所以说于民有世世之害。太祖、太宗时，未有义勇，至于正军，也不及今日的十分之一；然而太祖取荆湖，平西川，下广南，克江南，太宗取两浙，克河东，一统天下，如摇槁拾遗，此岂义勇之力？大概因为当时政治清明、军令严肃、将帅得人、士卒精练。康定、庆历间三路新置乡兵共数十万，国家何曾得一人之力？义勇虽也有军员、节级之名，但不如正军上下级那么严格；若听说敌寇大举入侵，无不望风而逃，自顾且不暇，哪有一人能为官府率卒迎敌？以臣观之，正如儿戏而已。所以说对国无分毫之利。

在《乞罢刺陕西义勇第五上殿札子》中，司马光说如今主张义勇有利的，必定说不日河东、河北不费衣粮，就可得胜兵数十万，皆教习精熟，可以迎敌，又兵出民间，合于古制。臣请言其不然：数十万，不过是虚数；教阅精熟，只是外表；兵出民间，名与古同而实相异。凭什么这样说呢？河北、河东的州县，既承朝廷旨意，各拣刺义勇，只求数多，据帐册而言，确有数十万之众；但若万一敌寇逼近，官府急欲点集之时，就一个都不见了。岂不是虚数？平常无事，州县训练之日，观者只见旗号鲜明、钲鼓齐全、行列有序、进退应节，就赞叹不已，以为真的能战斗，殊不知那全属队舞、聚戏之类；若闻敌寇已来，则瓦解星散，不知所之了。岂不是外貌？古代兵出民间，百姓耕桑所得，全作了家庭衣食之费，所以不出则富足，出则精锐。如今既已赋敛农民之粟帛，供养正军，又登记农民为兵，这是让一家人担了两家人的事，百姓如何不穷困？岂不是名与古同而实相异？

从《乞罢刺陕西义勇第六札子》我们知道，前一日上殿奏对，皇帝说命令已行，因此不可更改。退朝以后，司马光不胜郁闷，一夜无眠，次日即上此疏。司马光说：陛下，万民之父母；万民，陛下之赤子。岂有父母误坠其子于井中，却说我已经误了，就忍心不去救他出来？臣愿陛下勿以先入之言为主，心平气和地看看臣前后五次所言，到底为是为非。若其是，即请早日施行，罢刺陕西义勇；若其非，即请依臣之前所奏，特赐降黜，另择贤才来代替。所有命令已行的话，伏望陛下自今往后永以为戒，不可使天下人听见，堵塞善言之路。

司马光在上疏皇帝的同时，又去中书省与韩琦辩论——

韩琦说：兵贵先声，谅祚正桀骜，听说陕西突然增兵二十万，还不被震服吗？

司马光反对：所谓兵贵先声，是没有事实，只能骗得一时而已，稍后，敌人探得实情，就没用了。如今我们虽然增兵二十万，实际不可用，过不了十天，西夏人就搞清楚了，还会再怕吗？

韩琦答不上来，又说：君只见庆历间陕西乡兵开始只刺手背，后来皆刺面充正军，担心这次又会这样罢了。如今朝廷已降敕榜，与百姓约定，永不充军戍边。

司马光不以为然：朝廷曾经失信于民，都不敢再信了；就是我，也不能不怀疑。

韩琦保证：有我在这儿，你放心好了！

司马光质疑：相公永远在这儿，那当然没问题；可万一您走了，别人在这儿了，有相公现成之兵在，派去运粮戍边，不过易如反掌。

韩琦沉默不语，但终究没有停止。史书上说，其后十年，义勇运粮戍边，率以为常。司马光不幸言中。

宰相不为所动，皇帝也不为所动。英宗治平元年（1064 年）十二月五日至治平二年（1065 年）正月九日，司马光又六次上疏，自劾求去。不许。

司马光身为谏官，进谏是他的职责。即便诏令已经颁行，如果他认为有问题，也要向皇帝和宰相，再五再六据理力争，而谏议不被采纳，他宁愿辞职。司马光再五再六力争，不是为了个人私利，而是为了一路百姓，他急百姓之所急，俨然是百姓的代言人。司马光所以得人心，原因其实是在这里。

农民很穷　理当存恤

英宗治平四年（1067 年），河北（泛指黄河以北地区）大旱，饥民源源不断，流入京师。六月十三日，待制陈荐请将便籴司的陈米贷给百姓，每户两石。从之。

六月十七日，翰林学士司马光上《言赈赡流民札子》。

从中我们可以读到当时的情形：朝廷派遣官员，支拨粳米，在永泰（京师汴梁北四门之一；其余为通天、长景、安肃）等门，遇有河北路流民经过，就按大人一斗，小孩五升的标准支给（不再是每户两石），并耐心劝说，京师难以容纳，速往附近丰稔州军谋生。

司马光说：这样处置，“欲以为恤民之名、掩人耳目则可矣，其实恐有损无益”。为什么呢？此前听说河北讹传京师散米，于是饥民源源而来，现在这样做，正好使传言得到证实，只会招来更多的流民。京师的米有限，而河北流民无穷；既而无米可给，饥民将不免聚而饿死。今年秋天很可能歉收，一斗五升米，只能维持数日，怎能应付饥馑？且趋利避害，人之常情，如果京师可以活命，就是驱赶，老百姓也不肯离开，如果外州可以活命，就是强迫也不肯留下，绝对不是凭口舌，就能说服得了的。

所以有流民，司马光认为问题出在平时。他说民之本性，怀土重迁，难道他们就愿意背井离乡、舍弃亲戚田园、流离道路、向人乞讨吗？只因丰收年景，粮食山积，公家既不肯收籴，私人也不敢积蓄，粮食随手散尽，春天指望着夏收，夏天又指望着秋收，上下偷安，不做长远打算，因此稍遇天灾，就粮食已绝，公私索然，无以相救。指靠官府，不能周遍；向富户借贷，又借不到。错在无事之时，不在凶荒之年。加之地方长官，多不得其人，看到百姓穷困，却毫不怜悯，增收没名头的赋税，征调不紧急的劳役，官吏因缘为奸，蠹弊百出，百姓困穷，无以为生，不免有四方之志，以为他处必有饶乐之乡、仁惠之政，可以安居，于是砍伐桑枣，拆毁房屋，宰杀耕牛，典卖良田，累世之业，一朝破产。然后相携上路，若所到之处，又无所依，进退失望，老弱不转死沟壑，壮健不起而为盗，还有其他归宿吗？

司马光认为，解决问题的关键，在于得人：以臣愚见，莫若谨择公正之人，去做河北监司，使察访灾荒州县，长官不胜任的，就撤换掉。然后多方筹集粮食，赈济本州县灾民。若粮食少，不能周遍，就先救土著农民；根据户籍，先从下等开始，依次赈济。这样供给的粮食有限，可以预先节制。若富户有积蓄，由官方担保，任其贷出，适当收取利息；等丰收后，官府代为收缴，示以必信，不可诓骗。如此，将来百姓必定争相蓄积。饥民知道本地有活路，自然不会抛弃旧业，流落他乡了；居者已安，出外的人就会考虑返回。若县县皆然，哪还会再有流民？

司马光的建议很快被采纳：诏河北转运使司约束所辖州县，备加存恤。

流民当然都是不得已。每逢荒年，很多农民不得不辗转道路，客死他乡，充满了辛酸。而且对社会来讲，流民也是个很大的不安定因素。司马光的方法，是要从源头上解决问题。

说过了流民问题，再来说农民的负担。

治平四年（1067年）六月二十五日，诏天下官吏，有能知差役利弊，可以宽减的，条分缕析，密封奏闻。

此前，三司使韩绛说，害农之弊，无过于差役法。最重的衙前役，往往导致破产；其次是州役，也花费不菲。曾听说京东有父子二丁，要服衙前役了，父亲对儿子说：我应去死，好使你们母子免于冻饿。于是上吊自尽。又听说江南有人嫁祖母，及与母亲分家，以逃避差役。又有人出卖田地，以降低户等，——田地归官户，它们不用负担差役，而差役则分摊给现存的同等人户。希望令中外臣庶，条陈利弊，由侍从台省官员，集议裁定，使力役没有偏重的毛病，农民可以安居乐业。神宗采纳了韩绛的建议，因此有以上的诏令。关于役法的讨论，由此开始。

我们都知道，五代以来，以衙前负责官物的供给或运输；以里正、户长、乡书手催收赋税；以耆长、弓手、壮丁抓捕盗贼；以承符、人力、手力、散从供官府差遣，负责跑腿。此外，县曹司至押录，州曹司至孔目官，下至杂职、虞候、拣掐等，各以乡户、按户等差充，都由百姓充当。百姓不胜其苦，其中尤以衙前为甚。换句话说，现在的大部分国家机关，包括税务局、公安局，甚至运输公司，它们的工作，当时都要由老百姓承担。农民负担之重，可以想见。

九月，司马光上《论衙前札子》。

其中，司马光首先赞叹："此诚尧舜之用心，生民之盛福也！"从此札子我们得知，约在十年以前，国家实行的是里正衙前，就是由里正承担衙前役，后来民间苦于里正，里正遂被废除。继而置乡户衙前，就是以各乡的上等人户轮流承担衙前役。接着，又因各乡贫富不同，于是确定衙前人数，有缺就从县中诸乡，选家产最多的一户补充。如此实行十多年，民间反而越加贫困。当时有论者认为，一州一县，利弊不同，如今统一立法，未必最好；又里正只管催税，人们都愿意做；衙前会导致破产，当然都不愿意做，百姓所苦在衙前，不在里正，今废里正而存衙前，是废其所乐而存其所苦；又过去每乡只有里正一人，假如有上等十户，一户服役，其余九户还可以休息，专心营生。

司马光认为，所以劳逸不均，"盖由衙前一概差遣，不以家业所直为准。若使直千贯者应副十分重难，直百贯者应副一分重难，则自然均平。今乃将一县诸乡，混同为一，选物力最高者差充衙前，如此则有物力人户，常充重役，自非家计沦落，则永无休息之期矣！"意思是说，要承担的重役（比如衙前）比例，应当与家庭资产多少挂钩，资产千贯的，承担十分，资产百贯的，承担一分，这样就平均了，不至于破产了。现在的做法，使资产多的人户总承担着重役，除非家庭败落，资产减少，永远也别想休息。“有司但知选差富户，为抑强扶弱，宽假贫民，殊不知富者既尽，赋役不归于贫者，将安适矣？借使今日家产直十万者充衙前，数年之后，十万者尽，则九万者必当之矣。九万者尽，则八万者必当之矣。自非磨灭消耗，至于困穷而为盗贼，无所止矣！”谁富谁倒霉，因此富户反不如穷户，富的要设法变穷，穷的要设法维持。司马光认为，因此置乡户衙前以来，老百姓更加贫困了。

接着司马光说：臣曾在村落里行走，见农民都很穷，询问原因，都说是不敢富，想多种一株桑，多买一头牛，储存两年的口粮，藏十匹帛，邻里已视你为富户，选你去充衙前了，哪还敢再增加田亩、修葺房屋？臣听了，特别伤心，哪有圣明帝王在上，四方无事，却立法让老百姓不敢为长久之计的？置乡户衙前，百姓更穷了，所以当初置乡户衙前，大家都没看出危害，到今天了才发现。若因循不改，时间越久积患越深。希望特降诏旨，下诸路州县，比较上述里正衙前与乡户衙前，各具利弊奏闻，各随所便，另立条法，一定要让老百姓敢营生计。

废除衙前当然最好不过，可是，当时似乎还做不到。我们在《水浒传》里找不到镖局，生辰纲是由杨志亲自押送的，结果丢了，杨志的官也跟着丢了。邮局、托运，这些更不用说了，完全是一片空白；它们的业务，当时只能由百姓来承担。里正衙前或者乡户衙前，老百姓只能选择愿意接受哪种。司马光的方法，概括说，就是因地制宜。从奏札中我们看到，司马光对农民很有感情，他提出那些建议，固然是为国家长治久安，同时也是为农民的安居乐业。

再争迩英　又谈青苗

熙宁二年（1069 年）十一月十七日，神宗御迩英阁听讲，翰林学士兼侍读学士司马光，进读《资治通鉴》。十九日，神宗再御迩英阁，吕惠卿、王珪、司马光侍讲。

吕惠卿先讲，说：法不可不变，先王之法，有一年一变的，“正月始和，垂于象魏（宫廷外的一对高大建筑，用以悬示法令）”即是；有五年一变的，“五载一巡狩”“考制度于方岳”即是；有一世一变的，“刑罚世轻世重”即是；有百世不变的，“父慈、子孝、兄友、弟恭”即是。前天，司马光说汉遵萧何之法就治，变了就乱，臣窃以为不然。惠帝废三族罪、妖言令、挟书律，文帝废收孥令，怎么能叫不变？武帝因穷兵黩武，奢淫厚敛，而盗贼起；宣帝因核定名实，而天下治；元帝因任用弘恭、石显，杀萧望之，而汉道衰，都不是因为变法与不变法。弊则必变，岂能坐视？《书》所谓“无作聪明，乱旧章”，是说不聪明却要强装，不是说旧章不可变。司马光的用意，大概决不枉然，必定因为国家近日多变革旧政，因此规讽，又因为臣制置三司条例及看详中书条例，所以发此议论。希望陛下细究司马光的话，若是，就应听从；若非，陛下也应告诉，不为隐匿。请召司马光诘问，使议论归一。

神宗召司马光，问：卿听到吕惠卿的话了吧？如何？

司马光答道：惠卿的话，有是有非。惠卿所说汉代惠、文、武、宣、元五帝的治乱情形是对的；但说先王之法，有一年一变、一世一变，就不对了。《周礼》所说“正月始和，垂于象魏”的，是旧章，不是一年一变；这类似于州（五党为州）长、党（五百家为党）正（长）、族师（长），在岁首四时的首月，集合百姓宣读邦法。天子担心诸侯变礼、易乐、坏旧章，因此五年一巡视，考察他们，有变乱旧章的，就削黜，不是说五年一变法。刑罚世轻世重，大概新国、乱国、平国，随时而用，不是说一世一变。

而且，臣所说的率由旧章，不是说坐视旧法之弊，而不作变更。臣前天固然说过：道，万世不衰。禹、汤、文、武之法，皆与道合；后世子孙逐渐变更，遂至失道。及遇中兴之君，必应变革；后世所变，是要恢复禹、汤、文、武之治，合于道而止。这就是所谓的率由旧章。至于挟书律、妖言令，又怎能奉行不变？所以变法，变以从是；旧法非则变之，是则不变。如果不论是非，一概变之，以示聪明，就是所谓的作聪明、乱旧章。

拿宅子来作比方吧，住得久了，屋瓦漏了就要整理，圬墁破了就要修补，梁柱斜了就要扶正，也还可以住。若非大坏，难道就要全毁了另造不成？若要另造，必须良匠，又须良材，然后可为。如今既无良匠，又无良材，只因少许缺漏，就要全都毁了，又要另造，臣担心将无以遮风挡雨了。

而且，变法岂是容易的事！《周易·革己》说：“乃孚元亨利正（正应作贞，避仁宗讳改。）悔亡。”元，善之长；亨，嘉之会；利，义之和；贞，事之干。四德兼备，然后变革，仍不免后悔；若不兼备，未尝无悔。即便四德兼备，也应循序渐进，假以时日，而后百姓从之。汉元帝数更法令，随即又改，因为不能无悔。

臣承乏讲筵，只知读经史，经史有圣贤功业，可以裨益圣德，臣就委婉开陈，以助万分。本来无意讥讽惠卿制置三司条例及看详中书条例，惠卿却以为臣讥讽他了，臣不敢私议，现在讲筵官员及左右臣僚都在，请陛下问问他们，不知此二局，果真应置还是不应置？国家设三司，掌管天下财政，倘若不称职，就应黜去，再选贤者，以代其位，而不应夺其职业，让两府来管。如今两府各选一人，引设僚属，制置三司条例，那么三司条例皆为无用。中书省，政事所从出，应以道辅佐人主，而用区区条例，又派官员看详，若事事都检条例执行，胥吏就足够了，何必再择贤才作宰相！那么，二局不应置，在理甚明；而臣前日之论，则确无意讥讽惠卿。

要论历史知识的渊博，没人比得过司马光，吕惠卿要与司马光讨论历史，那是自不量力。司马光表达了三层意思：不是不要变，而是不要离开那个“道”；不是不要变，而是要具备相当的条件；不是不要变，而是要慎之又慎。显然，在司马光看来，变法的时机还不成熟，变法也不够谨慎，而且变法的方向有问题。司马光的渊博和滔滔不绝，可能让吕惠卿觉得特没面子，他有点恼羞成怒了：司马光备位侍从，见朝廷事有未便，即应指出。有职守的，不能尽职则去；有言责的，不能尽言则去，岂可不了了之？

司马光针锋相对：此前，有诏书要侍从之臣言事，臣曾上疏（指《上体要疏》），指陈当今得失，如制置条例司之类，尽在其中，不知得达圣听否？

神宗答：见了。

司马光气愤：那么，臣不是不说！至于不被采纳而不去，确是臣之罪！惠卿责臣，实当其罪，臣不敢逃！

神宗劝解：共议是非而已，何至于此？

王珪赶忙打圆场：司马光所说，大概认为朝廷所改诸事当中，有为利甚小、为害甚多的，也不必改。同时，示意司马光退下。

从此处的对话来看，按照神宗的考虑，变法肯定是必须的，但同时他也不希望反对变法的人离开，而是作为一种制衡力量，对即将到来的变法，起到制约与监督的作用。

接着，王珪进读《史记》，司马光进读《资治通鉴》。然后，降阶，将退。神宗命移坐墩至御榻前，令大家就坐。王珪礼辞，不许。于是众人再拜，就坐。左右避去。神宗问：朝廷每改一事，则举朝汹汹，皆以为不可，又不能指明不便之处，究竟为何？

王珪等答：臣等疏贱，在阙门之外，朝廷事不能尽知；闻之道路，又不知虚实。

神宗坚持：就据见闻说说吧。

司马光说：最近听说朝廷在散青苗钱，此事不便。如今乡里富民乘贫者匮乏之际，贷给钱，等到收获，再以谷麦偿还。贫者寒耕热耘，仅得斗斛之收，未离场圃，已全被富室夺去。他们都是平民百姓，没有公差的权势、刑罚的威慑，只以富有的缘故，尚能蚕食小民，使之困瘁，何况官府严加督责？这是孟子所谓的又举债增加其负担。臣担心将会民不聊生。

吕惠卿反对：司马光不知道，这事由富室来做，就害民；如今由官府来做，就利民。过去，青苗钱令百姓愿取者贷给，不愿者不强迫；收获之际，令以市价折合谷麦缴纳。这是为了救贫者的无息、富人的贪暴。如今常平仓原价甚贵，十余年才一粜，或腐朽以害主吏，或价贵人不能籴，所以不如散青苗钱有利。

司马光反驳：臣听说“作法于凉，其弊犹贪，作法于贪，弊将若何”？常平仓，谷贵不伤民，谷贱不伤农，公私俱利，至善之法；等到衰败，吏不得人，谷贱不籴，反为民害。何况青苗钱，不及常平远甚？过去太宗平河东，减轻租税，戍兵甚众，命和籴粮草供给。当时人稀物贱，米一斗值十余钱，草一围值八钱，百姓都乐意与官方交易，不以为病。后来人愈众、物愈贵，而转运司常守旧价，不肯增加，或折成茶布，或支移折变；饥年租税皆免，但和籴不免，至今为百姓患，如膏肓之疾。朝廷虽知其害民，但因用度匮乏，也不能制止。臣担心将来诸路青苗钱害民，也像河东的和籴一样。

神宗说：听说陕西路行之已久，民不以为病。

司马光反对：臣家在陕西路，有从乡里来的，都说去年转运司不听朝廷指挥，擅散青苗钱，今年夏天麦不甚熟，但上司督责严急，百姓不胜愁苦。朝廷既明有指挥，他会公然施行吗？转运使本以聚敛为职，取之无名，还要搜刮，何况取之有名？那些负责青苗钱的官员来到陛下眼前，说百姓欣然，赖此钱为生等等，都由他一张嘴说，臣听到的却是民间事实。

吕惠卿辩解：司马光所说的，都是吏不得人，所以为害百姓；若使转运司、州、县，皆得其人，哪还有这些毛病？

问题的关键就在这儿，要保障全国那么多州县都所用得人，很难；司马光表示赞同：如惠卿所说，正是臣前日所说有治人无治法，朝廷应急于求人，缓于立法。

神宗又问：坐仓籴米如何？

王珪等起立，答：坐仓甚不便，朝廷近已取消，甚好。

神宗纳闷：没取消啊！

司马光说：坐仓之法，大概因为小郡仓中缺米，而库有余钱，因此反向军人籴米，以给次月之粮，出于一时急计而已。如今京师仓有七年之储，而府库无钱再籴军人米，使积久陈腐。此事利弊，非臣所知。

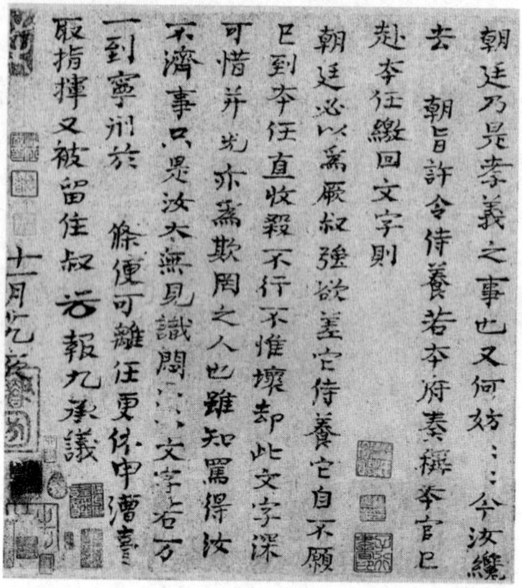
朝廷乃是孝義之事也又何妨：：今汝纔
去 朝旨許令侍養若李府奏稱李官已
赴李任繳回文字則
朝廷必以爲厥叔強欲差它侍養它自不願
已到李任直收殺不行不惟壞却此文字深
可惜并光亦爲欺罔之人也雖知罵得汝
不濟事只是汝太無見識間：：文字若万
一到寧州於 條便可離任更休申漕臺
取指揮又被留住叔 示報九承議
十一月

司马光《宁州帖》

吕惠卿反对：若京师坐仓得米百万石，就可以减东南每年漕运百万石，转换为钱，以供京师，还愁没钱吗？

司马光反驳：臣听说如今江淮以南，百姓缺钱，称为“钱荒”，而土壤适宜粳稻，当地人吃不完，地又低洼潮湿，不能储存，若官籴不取以供京师，就无法处置，必甚贱伤农。而且，民有米而官不用米，民无钱官必让出钱，岂是通财利民之道？此等小事，都是具体官吏应该研究的，不足以烦圣虑；陛下只应择人而任，有功则赏，有罪则罚，这是陛下的职责。

神宗深表赞同，说：不错。所谓“文王罔攸，兼于庶言，庶狱庶慎，惟有司之牧夫”，正指此！

神宗又与大家讲论至道。至晡（申时，下午三点至五点）后，王珪等请起，神宗命赐汤，又对司马光说：卿别因为之前吕惠卿的话不高兴啊。

司马光答：不敢。

遂退。

任在永兴　护翼黎庶

永兴军，此处指京兆府。京兆府是永兴军路的首府，治长安，就是今天的陕西省西安市。永兴军路的管辖范围，大致相当于今天陕西省的大部，再加上甘肃、宁夏、山西等省、自治区的一部分。司马光的故乡夏县，隶属永兴军路。

熙宁三年（1070年）九月初八日，以韩绛为陕西宣抚使。十月初四日，诏延州不许接纳西夏使者。十一月二十八日，又以韩绛兼河东宣抚使，凡机密要事，来不及上报的，“听优宜施行”，就是可以相机行事，先执行后上报；授以空名告敕，可以自行任命官吏。十二月二十三日，赐西蕃栋戬诏书，及衣、带、鞍、马。所谓西蕃，就是宋夏边界附宋的少数部族。这是宋朝廷笼络他们的常用手法。种种迹象表明，朝廷可能要对西夏，有所动作。

十二月初一日，司马光有《申宣抚权住制造乾粮皱饭状》。

从中看来，此前陕西都转运司曾转发宣抚使衙的文件，令制造干粮的州军，一斗稻谷，变造干粮五斤，变造是古代赋税法的一种，是将米、绢、布、绵、麻等物，变换为各地出产的轻货，并酌给柴钱。（做干粮要用柴。）宣抚使衙最近又有文件，要求沿边四路十四个州军，及腹地的永兴军、河中府、同州、耀州、乾州、凤翔府（治今陕西省凤翔县，属秦凤路）等，变造干粮皱饭。行文各州军已有两次，要求及早变造。又按中书省的文件，奉圣旨，今后调发义勇赴沿边战守，都令自备一个月的口粮，将来从该户应缴纳的税费中扣除；若不能自备，从调发州军预请一个月的口粮带去也可。而近日都转运使司再行文，转发宣抚使衙的文件，说近依朝旨，义勇轮番戍守，令附带干粮一秤，至屯戍州军。

司马光认为：首先，恐怕背不动。按有关规定，一个月的口粮是七斗五升，若再加上干粮一秤，及武器、衣服、盘缠等等，以一人之力，恐怕难以胜任。其次，骚扰百姓。制造干粮，必然增加百姓负担。如今饥馑，民间不易，虽然酌给柴薪，也不能全无骚扰。第三，各县官仓粮食极少。前依朝旨，支给第四、第五等缺粮人户各二石，尚无着落，若再造干粮皱饭，将来二三月间，正当缺粮之际，又拿什么救济？第四，用不着。若只是戍守，沿边州军就有仓廪，用不着干粮皱饭。司马光说自己，已经指挥本路的五个州军，暂缓制造干粮皱饭，听候宣抚使衙指挥。这等于先斩后奏。

熙宁四年（1071年）正月初一日，司马光上《谏西征疏》，建议朝廷，暂缓开战。

我们从中读到当日汉中的灾情：臣自入境以来，见灾民流离，道路相望。询访乡里，都说今夏大旱，禾苗枯槁，黄河、渭河以北，完全绝收，只有南山下，还稍有存留。但入秋以后，霖雨连绵，经月不霁。因此，禾虽有穗，往往无籽；虽有籽，往往无米；虽有米，大都又细又黑。一斗谷子，舂过簸过之后，只能留下三、四升米。粮价飞涨。民间多年困于加税，素无蓄积，不能周济。必须分房减口，往西京（今河南省洛阳市东）、襄（治今湖北省襄樊市）、邓（治今河南省邓州市）、商（治今陕西省商洛市）、虢（治今河南省灵宝市）等州谋生，或受雇做工，或烧炭伐薪，或乞讨劫掠，以度朝夕。荒年为减轻家庭负担维持生计，人口多的人家会使部分成员外出逃荒，叫做分房减口。

司马光认为，这种情况下，“国家惟宜镇之以静，省息诸事，减节用度，则租税自轻，徭役自少，逋负自宽，科率自止。四患既除，民力自足，民财自饶，闾里自安，流亡自还。固不待陛下忧勤于中，宰相劬劳于外，然后人人得其所也。”意思是说，这个时候，只要国家无事，节省开支，皇帝和宰相不用那么辛苦，情况就自然好转。

可是，整个永兴军路，已是山雨欲来：朝廷及宣抚等司下令，将义勇分作四拨，计划使轮流戍边。选诸军精锐，及招募乡里恶少，组成奇兵。制造干粮、皱饭、布囊、力车，以备运送。取出给西夏的岁赐，散给沿边诸路，并竭尽内地府库相助。大家都在传说：国家这个春天，将大举六师，长驱深入，征讨西夏。

我们还记得，在讨论是否诱降嵬名山时，司马光曾说过，国家先应举百职、修庶政、安百姓、实仓库、选将帅、立军法、练士卒、精器械，八事齐备，才可以征伐四夷。司马光认为，现在这八项没有一项胜过从前；况且眼下关中饥馑，十室九空，民不聊生，纷纷为盗，官仓蓄积，所余无几。眼下，实在不宜对西夏开战。

正月，司马光又上《乞罢修腹内城壁楼橹及器械状》。城壁，就是城墙；楼橹，是一种建在城墙上的望楼，用于侦察及攻守。

从中我们知道，熙宁三年（1070年）十一月初七日，枢密院曾有文件，奉圣旨令河东、河北、陕西经略安抚司，指挥辖下州军，委派官吏仔细检点，必须保证近日修缮城墙完毕，楼橹坚固，武器精良。

司马光认为，营造楼橹，必须城基宽厚，但现在解（治今山西省运城市盐湖区解州镇）、虢（治今河南省灵宝市）两州的城墙，皆称最宽只有四五尺，像这样的，就必须先贴筑城基，将城基垫宽，才能修建楼橹，工程将会很大。而本路州军，都缺充劳役的厢军，官库也缺现钱购买材料，不免要增加老百姓的义务劳动及无偿捐献。陕西州军去年遭灾。当此饥馑、百姓流离之际，若再如此骚扰，必定更难安顿。而且，永兴军一路十个州军，都在腹地，距离边界极远，即便西夏入寇，也不能即到各州军城下；楼橹修下数年不用，不免要损坏，这样于官于私，都是一种浪费。因此请朝廷特降指挥，特别下令，所有腹地州军，城墙、楼橹，都等将来丰年，再逐渐营葺。

此状上呈后，“寻得旨依奏”，很快得到了批准。

熙宁三年（1070年）五月十五日，条例司已并入中书省。从此，司农寺代替条例司，成为变法的核心机构。九月，以曾布为崇政殿说书、同判司农寺。此前，吕惠卿已因父丧离职。

从正月的《奏为乞不将米折青苗钱状》我们知道，提举陕西常平广惠仓司的做法，简直就是一奸商：他们趁现在饥馑、粮价飞涨，将两仓的陈次粮米，依现在的高价折算成现钱，贷给农民，又预先定好将来的粮价，当然是很低的价格，让农民将来归还现钱，或依此价归还新粟、新麦。

这样算来，农民现在借陈米一斗，将来就要归还小麦一斗八升七合五勺，如果是粟，那就更多，是三斗。我们还记得，朝廷原来规定，青苗钱取利不得超过两成（20%），可现在却几乎达到一倍。要是还现钱，农民又不得不贱卖粮食。司马光说，这样做，“使贫下之民，寒耕热耘，竭尽心力，所收斛斗，于正税之外，更以巧法取之至尽，不问岁丰岁俭，常受饥寒。显见所散青苗钱，大为民害”。将来物价转贵，获利更多，

"虽兼并之家，乘此饥馑，取民利息，亦不至如此之重。"司马光请朝廷，将两仓粮米，无息借给第四等以下人户；如果必须当青苗钱放贷，请不管原价高低，也不再折成现钱，只根据实际所散粮米多少，等将来成熟，只收取两成利息。

这一年稍晚，司马光又有《奏乞所欠青苗钱许重叠倚阁状》。所谓倚阁，就是暂缓缴纳。

我们都知道，青苗钱一般是随夏秋两税缴纳，夏散秋收，秋散夏收。熙宁二年（1069年）九月初四日的敕令规定，如遇自然灾害，减产五成以上，青苗钱准许"倚阁"。就是说如果夏粮减产，可以延至秋税缴纳；秋粮减产，可以延至次年的夏税缴纳。熙宁三年（1070年），永兴军路夏秋连续遭灾。此前，司农寺担心农民拖欠过多，不能偿还，就发出通知，像永兴军路这种情况，青苗钱不许重叠倚阁，就是不许两次暂缓，换句话说，就是应随夏税缴纳的青苗钱，必须随秋税缴纳，不得再延至次年。

司马光认为司农寺的通知，不符合敕意。因为一次遭灾，民间仍有蓄积，不至于困穷，青苗钱尚且允许"倚阁"，哪有连续两次遭灾，百姓更加艰难，却令必须缴纳？此时蓄积已空，新谷又无收成，拿什么缴纳？如果各州县见司农寺有此指挥，不问百姓有无，一味督促，严加苛责，贫苦百姓何以为生？

司马光再次先斩后奏，指挥本路遭灾州军，如果连续两次遭灾，延至秋税的夏料青苗钱，不必依司农寺的指挥催缴，再听候朝旨。但是很快，司农寺行文提举陕西路常平广惠仓司，说已奉圣旨，立即通知永兴军本路州军，令详阅司农寺文件，全部依照条例执行，就是不许执行司马光的指挥。

司马光一定非常气愤。以上奏状上呈的次日，司马光请西京留台。

熙宁四年（1071 年）四月十八日，以司马光判西京御史台。司马光的第一次请求未获批准；第二次，皇帝考虑了很久，终于同意。神宗曾打算以司马光知许州，并催促入朝觐见，但司马光谢绝了。

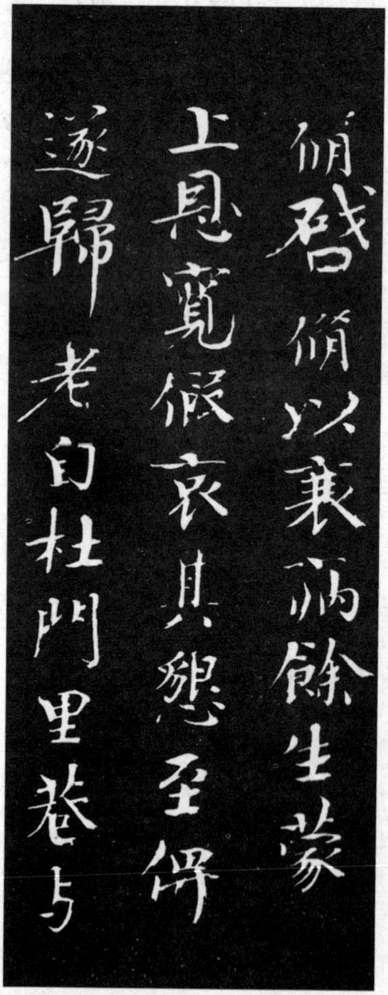

欧阳修晚年写给司马光的信（局部）

第四节　著 史

成立书局　变为官修

现在，我们终于要抵达那部大书。

先来说“书局”，不是出版社，而是编辑部，编撰《资治通鉴》。

如果说英宗还有可称道的地方，就是《资治通鉴》这部大书的编纂。治平三年（1066 年）四月十八日，英宗命龙图阁直学士兼侍讲司马光，编历代君臣事迹。

此前，司马光已进呈《通志》八卷。在《进〈通志〉表》中，司马光说：

> 臣光言，臣闻治乱之原，古今同体，载在方册（典册、典籍），不可不思。臣少好史学，病其烦冗，常欲删取其要，为编年一书，力薄道悠，久而未就。今兹伏遇皇帝陛下丕承基绪，留意艺文（典籍），开延儒臣，讲求古训，臣有先所述（著）《通志》八卷，起周威烈王二十三年，尽秦二世三年，《史记》之外，参以他书，于

七国兴亡之迹，大略可见，文理（条理）迂疏，无足观采，不敢自匿，谨缮写（抄写）随表上进。

可以看出，司马光做一部编年体通史的想法，其实由来已久。司马光现在兼任侍讲，负责为皇帝讲解典籍。在这种情况下，他进呈了《通志》八卷。

接到诏令，司马光又奏：臣自小以来，略涉群史，窃见纪传体史书文字繁多，即便专门的学者，也往往不能尽读，何况帝王日理万机，要遍知前世得失，实在不是件容易的事。臣不自量力，常想上自战国，下至五代，正史之外，旁采他书，凡关国家盛衰，系生民休戚，善可为法，恶可为戒，帝王应知道的，略依《左氏春秋传》的体例，修成一部编年体史书，名叫《通志》；其他多余的文字，全都删去不载。希望或听或读都不辛苦，就可以闻见广博。可是私家区区，无力办到，空有此志，而无所成。臣近曾以战国时八卷呈进，幸蒙赐览。今所奉诏旨，不知是令臣续成此书，还是另外编集？若续成此书，请仍以《通志》为书名。此书上下贯穿千余载，肯定不是愚臣所能独修，伏见翁源县令、广南西路经略安抚司勾当公事刘恕，将作监主簿赵君锡，均以史学为众所推，请特差二人与臣同修，大概可以早日成书，且不至疏略。

诏从之，令接续所进呈八卷编写，书成后，再赐给书名。

后来赵君锡因为父亲去世，不能赴任，于是命太常博士、国子监直讲刘攽代替。

从司马光的奏章里我们可以看到，他编这样一部书的目的，实际上很明确，就是要为帝王编一部教科书。至于编辑方法以及体例，都有相当成熟的设计。因为工作量太大，申请了两个助手，皇帝很快答应。我们今天不得不说，皇帝真是英明，要不是英宗，我们不可能读到《资治通鉴》。

这样书局就成立了，设在崇文院。崇文院大致相当于国家图书馆。按规定，书局的编辑，可以借阅龙图阁、天章阁、三馆，以及秘阁的所有书籍。皇帝又赐给亲笔题字、御笔、御墨、御用缯帛，还有御前钱，大家可以拿来随意买些水果、点心之类的东西。另外，又以内臣为承受，就是办事人员，负责处理一些日常的杂务。司马光说这样的待遇，“眷遇之荣，近臣莫及”。

来认识书局的最初成员吧，他们都是司马光的重要助手。

先说刘恕。刘恕，字道原，筠州（治今江西省高安市）人。少颖悟，过目成诵。八岁，有客人说孔子没有兄弟，刘恕应声道：“以其兄之子妻之。”着实把客人震了一下。十三岁，打算应考制科，向人借阅《汉书》及《唐书》，一个月就看完归还了。曾去拜谒宰相晏殊，提问题并反复诘难，直至晏殊答不上来。刘恕在钜鹿（今河北省巨鹿县）的时候，晏殊把他召到府上，隆重地接待他，请他讲《春秋》，晏殊自己则亲率官属，认真听讲。

笃好史学。自太史公所记，至后周显德末年，纪传之外至私记杂说，无所不读，上下数千年间，事无巨细，了如指掌。司马光编修《资治通鉴》，英宗命自择馆阁英才同修，司马光说：馆阁当中，文学之士，确实不少，至于专精史学，臣知道的，只有和川县令刘恕一人。即召为局僚。后来书成，司马光又说：“凡数年间，史事之纷错难治者，则以诿之道原，光受成而已。”——史事纷繁错杂不易弄清楚的，就交给刘恕处理，我不过坐享其成罢了。这不完全是客气话。刘恕对于魏、晋以后的史事，考证最为精详。

司马光出知永兴军后，刘恕不自安，以老母年迈，求监南康军酒，以就近侍养。朝廷准他在任上继续修书。司马光判西京御史台，奏迁书局至洛阳。后数年，刘恕请往洛阳，与司马光讨论修书事，获得朝廷的批准。在洛阳留数月后南归。还没到家，听说母亲去世，就得了“风疾”，右手右足瘫痪，非常痛苦，但呻吟的间隙，就爬起来修书。病危，才把书稿捆好，托人送回书局。神宗元丰元年（1078年）九月卒，官至秘书丞，年仅四十七岁。

刘恕治学，自历数、地理、官职、族姓，甚至前代的官府公文，都拿来研究，以为佐证。求书不远数百里，且读且抄，废寝忘食。在洛阳的时候，与司马光同游万安山，路旁有碑，是五代一列将的，不知名，刘恕即能说出他的生平事迹。回来查验旧史，果然丝毫不差。宋次道曾任亳州知州，家中藏书颇富，刘恕特地绕道去借阅。宋次道为尽地主之谊，每天让人做很多好吃的招待他，刘恕说：“此非吾所为来也，殊废吾事，愿悉撤去！”——我来不是为了这个，太耽误我的事了，都撤掉吧！把自己关在房间里，夜以继日，口诵手抄，留了十天，“尽其书而去，目为之翳”，眼睛也给读坏了。刘恕好著书，计划中的书很多，可是不幸早逝。已完成的有《十国纪年》四十二卷、《包羲至周厉王疑年谱》一卷、《共和至熙宁年略谱》一卷、《资治通鉴外纪》十卷，其他都未及完成。

刘恕家里穷，但丝毫不妄取于人。从洛阳南归，当时已是十月，相当冷，司马光见他没有御寒的衣物，就拿出自己的衣、袜一两件，以及一件旧貂褥送给他，刘恕坚辞，司马光强给他，才勉强接受，但走到颍州（治今安徽省阜阳市），又全部封还。司马光说：“于光而不受，于他人可知矣。”

“好攻人之恶”，喜欢批评人，每自省平生有二十失、十八蔽，又作文自警，但终不能改。

刘恕死后七年，《资治通鉴》书成，追录其劳，以其子羲仲为郊社斋郎。

再说刘攽。刘攽，字贡父，临江新喻（今江西省新余市）人。此人最大的特点，就是特别诙谐幽默。《渑水燕谈录》卷十说：当时士大夫好谈水利，有人就建议把梁山泊排干，改作农田。其他人就问：梁山泊就是古代的钜野泽，方圆数百里，排干改为农田，夏秋之交雨水四集，怎么办？刘攽正好在场，慢悠悠地说：在旁边再凿个大池子，大小正好相同，不就得了！在场的人，全体笑倒。

又说：刘攽与王汾两人同在馆阁供职，都喜欢开玩笑。一天，刘攽去拜访王汾，跟他说：您已改赐章服（标志官阶品级的礼服），所以特来道贺！王汾很惊讶，说没接到诏命呀！刘攽说：今天早上刚听到的传报，你去问问好了。王汾派人私下打听，确实是有圣旨，但内容是：诸王坟得用红泥涂之。——诸位王爷的坟墓，可以用红泥抹一下。

显然，这样容易得罪人。性格即命运这句话，可以在刘攽身上得到验证。刘攽在州县做了二十年的地方官，才得任国子直讲。因欧阳修等人的推荐，召试馆职，但与御史中丞王陶有旧怨，王陶率侍御史苏寀一起排挤他，刘攽官都做到员外郎了，才得任馆阁校勘。

哲宗即位，起知襄州（治今湖北省襄樊市）。然后，入朝任秘书少监，以病求去，遂加直龙图阁、知蔡州（治今河南省汝南县）。中书舍人苏轼等奏：刘攽博闻强记能文章，从政直追古代循吏，多才多艺，坚韧不拔，朝廷应多准他点假，使留京师。因此到蔡州仅数月，又召拜中书舍人。不久一病不起，年六十七而卒。

刘攽著书百卷，尤精于史学。所著《东汉刊误》，为人所称道。司马光修《资治通鉴》，刘攽负责汉史。

司马光打算做一部通史，如果这件事由他独力来做，那性质就属于私修。英宗皇帝很有历史眼光，给予司马光大力支持，使私修变成了官修。司马光再不是单枪匹马，他有了两个助手，都是一时之选。这里有个有趣的现象：两位助手都姓刘，而且都与王安石同乡。司马光与王安石政见不同，但与王安石的两个同乡，相处得却十分融洽。

博而得其要　简而周于事

先要说到张方平。因为对张方平的弹劾，司马光又做回到翰林学士，并兼任侍读学士。

治平四年（1067年）九月二十七日，以翰林学士承旨张方平、知谏院赵抃，参知政事。虽然只是副宰相，但宰相空缺，因而实际行使宰相的职权。

九月二十七日当天，司马光上《言张方平札子》，说张方平文章之外，别无所长，奸邪、贪婪、鄙陋，众所共知，不适合做参知政事。

九月二十八日，权御史中丞司马光，复为翰林学士，兼侍读学士。以滕甫权御史中丞。这很容易使人想到，此种调换是因为对张方平的弹劾。

十月初一日，司马光又上《言张方平第二札子》。

司马光等的诰敕行下，通进银台司吕公著，具奏封驳。就是说吕公著将任命的诰敕驳回，以此表示对司马光的支持。我们知道，银台司负责文件的上传下达。

神宗手诏告谕司马光："朕以卿经术行义，为世所推，今将开迩英之席，欲得卿朝夕讨论，敷陈治道，以箴遗阙，故换卿禁林，复兼劝讲，非为前日论奏张方平也。吕公著封还，盖不知此意耳。"意思是说，所以任命你为翰林学士兼侍读学士，不是因为对张方平的弹劾，而是因为你的学术品行，为当世推重，要开讲筵了，希望能和你朝夕讨论，给我讲治国之道，以查漏补缺。于是不经通进银台司，将诰敕直付合门，催司马光等接受。吕公著说诰敕不经本司，那么封驳之职，因臣而废！神宗在他的奏章上批示："俟开迩英，当谕朕意。"——等开了讲筵，再把我的意思，给你讲清楚。

十月初二日，司马光又上《除兼侍读学士乞先次上殿札子》，说："臣虽木石，亦将开悟，况含血气，得为人类！"意思是说臣就是块木头、石头，也该开窍了，何况还有点血气，还是人呢！接着又说："然臣尚有私恳，须当面陈，欲望圣恩，先许上殿敷奏，禀取圣旨，然后退受敕告，不胜死生幸甚。"意思是说臣还有一私人请求，希望先准上殿陈奏，听您的意见后再受敕告。

皇帝当天就批准了。从十月初二日所上的《乞免翰林学士札子》我们知道，司马光的私人请求，就是免去自己的翰林学士，理由是将来的讲筵上，神宗要他读《资治通鉴》（已有书名），可书的卷数还少，必须加紧编修，恐怕难以承担翰林学士的工作。但是，"伏蒙圣恩宣谕，但令权免学士院文字。"就是皇帝恩准司马光，暂时不用承担实际工作。

司马光说，臣自忖，如果担着翰林学士的名分，却不供职，窃位素餐，无过于此，心里特别不安。况且侍读学士与翰林学士的资级，完全一样，俸禄还算优厚。希望圣上恩准，臣只以侍读学士，专修《资治通鉴》，“如此则材器稍宜，职业无旷，遂其私愿，粗免愧心，不胜幸甚！”

十月初四日，神宗初御迩英阁，召侍臣讲读经史。讲退，独留吕公著，说：“朕以司马光道德学问，欲常在左右，非以其言不当也。”吕公著还是坚决请求免职，神宗只好答应。转天，神宗又问吕公著：“光方直如迂阔何？”意思说司马光的正直，是不是近于迂阔。吕公著答：“孔子上圣，子路犹谓之迂，孟轲大贤，时人亦谓之迂，况光者岂免此名？大抵虑事深远，则近于迂矣，愿陛下更察之。”——孔子上圣，子路还说他迂，孟子大贤，时人也说他迂，司马光又怎能幸免？大概虑事深远，就接近迂了，希望陛下明察。

然后，我们要说到皇帝作的序。

十月初九日，翰林学士司马光，首次进读《通志》于迩英阁，看来翰林学士没有免；赐名《资治通鉴》，亲作序，赐司马光，令候书成日写入；又赐颍邸旧书二千四百零二卷，颍邸是神宗作太子时的府邸。

那篇序文属“上自制自书”，也就是说，不仅文章是皇帝亲自写的，字也是。司马光接受，读了，下来，再拜。然后，进读《三家为诸侯论》，神宗“顾禹玉等，称美久之”。禹玉，即王珪，王珪字禹玉。神宗对所读章节，称赞不已。

有点小问题，《续资治通鉴》上说，《资治通鉴》的书名，是十月初九日赐给的，可是，司马光在十月初二日的《乞免翰林学士札子》里，已经提到这个书名，当时他说：“臣今日上殿，曾有敷奏，以圣旨令读

《资治通鉴》，……”可能的情况是，《资治通鉴》这个书名，早在十月初二日以前，神宗即已拟定，并告诉了司马光，但直到十月初九日，才正式赐给。

我们已经知道，神宗皇帝生于庆历八年（1048 年）四月，按照今天的算法，治平四年（1067 年）十月，应该就是十九岁半。现在，我们来看年轻的神宗皇帝，在九百五十多年前，写下的这篇序文：

《资治通鉴》序（御制）

朕惟君子多识前言往行以畜其德，故能刚健笃实，辉光日新。《书》亦曰：“王，人求多闻，时惟建事。”《诗》、《书》、《春秋》，皆所以明乎得失之迹，存王道之正，垂鉴戒于后世者也。

汉司马迁紬石室金匮之书，据左氏《国语》，推《世本》、《战国策》、《楚汉春秋》，采经摭传，罔罗天下放失旧闻，考之行事，驰骋上下数千载间，首记轩辕，至于麟止，作为纪、表、世家、书、传，后之述者不能易此体也。惟其是非不谬于圣人，褒贬出于至当，则良史之才矣。

若稽古英考，留神载籍，万机之下，未尝废卷。尝命龙图阁直学士司马光论次历代君臣事迹，俾就秘阁翻阅，给吏史笔札，起周威烈王，讫于五代。光之志以为周积衰，王室微，礼乐征伐自诸侯出，平王东迁，齐、楚、秦、晋始大，桓、文更霸，犹托尊王为辞以服天下；威烈王自陪臣命韩、赵、魏为诸侯，周虽未灭，王制尽矣！此亦古人述作造端立意之所繇也。其所载明君、良臣，切摩治道，议论之精语，德刑之善制，天人相与之际，休咎庶证之原，威福盛衰之本，规模利害之效，良将之方略，循吏之条教，断之以邪正，要之于治忽，辞令渊厚之体，箴谏深切之义，良谓备焉。凡十六代，勒成二百九十六卷，列于户牖之间而尽古今之统，博而得其要，简而周于事，是亦典刑之总会，册牍之渊林矣。

荀卿有言："欲观圣人之迹，则于其粲然者矣，后王是也。"若夫汉之文、宣，唐之太宗，孔子所谓："吾无间焉"者。自余治世盛王，有惨怛之爱，有忠利之教，或知人善任，恭俭勤畏，亦各得圣贤之一体，孟轲所谓："吾于《武成》取二三策而已"。至于荒坠颠危，可见前车之失；乱贼奸宄，厥有履霜之渐。《诗》云："商鉴不远，在夏后之世。"故赐其书名曰《资治通鉴》，以著朕之志焉耳。

（治平四年十月初开经筵，奉圣旨读《资治通鉴》。其月九日，臣光初进读，面赐御制序，令候书成日写入。）

第一段皇帝写自己对史学的看法，他认为读史对自己的修养大有益处；而且，《诗》《书》《春秋》，都可以拿来资治。第二段是对司马迁的褒奖。第三段的褒奖主要给了司马光，其中说到修书的缘起、始于周威烈王的原因、书内容的丰富，以及自己的评价："博而得其要，简而周于事，是亦典刑之总会，册牍之渊林矣。"意思是说，本书广博但提纲挈领，简要但叙事周密，属于典范的总汇、典籍的集合。第四段是赐名《资治通鉴》的缘由。

我们已经看到，皇帝先提到司马迁和《史记》，然后是司马光和《资治通鉴》，他第一次将两个人、两部书相提并论，这应该算是后世"史界两司马"说之滥觞。这位年轻的皇帝当时或许已经想到，他为之作序的这部大书，将与《史记》一起，成为中国传统史学的巅峰之作。

随后，司马光有《谢〈赐资治通鉴序〉表》，其中除对皇帝的感谢外，他还说：“至于‘博而得其要，简而周于事，典刑之总会，册牍之渊林’，臣实何人，克堪此语。若乃嘉文、宣以作则，援正观而为师，兹实生民之福，岂伊微臣之幸。”意思是说，臣什么人呀，哪当得起这样的褒奖。如果皇帝您肯以汉代的文帝、宣帝作自己的榜样，努力看齐，那实在是百姓的福气，岂止是微臣的幸运。司马光谦虚之余，还不忘劝谏。

司马光最后说到对这篇序的借重，他说自己当然无法与先贤比肩，但“便蕃茂泽，独专后世之荣，退自揣循，殆无容措，遂使萤爝未照，依日月以永存，草木常名，附天地而不朽，臣不任恳款之至。”意思是说我在后世独享荣誉，自己想来，进退失据，无地自容，自己就好比萤火虫或者爝火那么点微光，却依靠日月而得永存，又好比极普通的草木，却依附天地而得不朽。

我们知道，后来这部大书，真的因为这篇序而免遭毁版的厄运。但现在，这些全都反过来了：要不是司马光和他的《资治通鉴》，这篇皇帝作的序，几乎没有可能进入我们的视野。

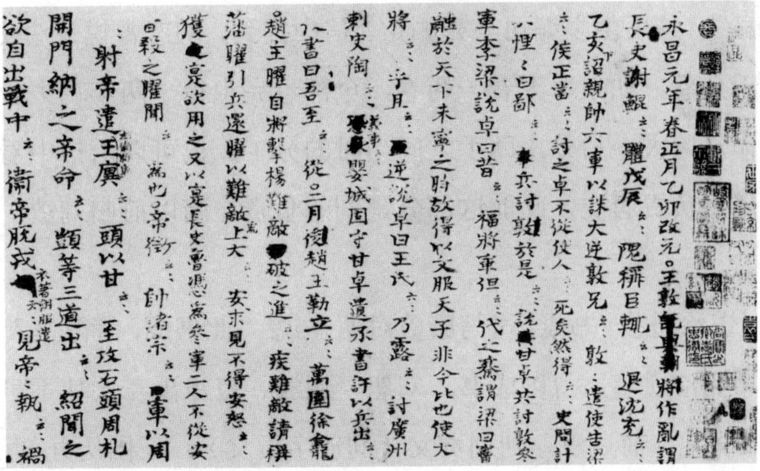

《资治通鉴》草稿一

抉擿幽隐　校计毫厘

司马光在赠给邵雍的诗中说“我以著书为职业，为君偷暇上高楼。”著书，就是主编《资治通鉴》。

我们知道，《资治通鉴》中的绝大部分篇章，都是在洛阳时期的十五年内完成的。后来，有人在洛阳看到《资治通鉴》的草稿，它们堆满了整整两间屋子，但翻阅数百卷，无一字潦草。我们不难想见工作量的巨大，以及主编司马光的严谨。

司马光另有《答范梦得》，应是范祖禹刚入书局不久，司马光写给他的。信的内容主要谈修书的一些规范，包括“丛目”、“长编”的制作方法。《资治通鉴》的丛目和长编，我们今天已不可见，从信中的叙述，我们可以大略想见它们的形式及规模。从信中我们还可以知道，《资治通鉴》的编纂程序：先由助手作“丛目”，然后再在“丛目”的基础上作“长编”，最后由主编司马光删定。信中提到，刘恕曾说只唐史“丛目”就有千余卷，如果每天看一两卷，全部看完也得一两年功夫。可见修书的工作量巨大。另外，助手之间当时的分工，也可以由信中看到：范祖禹到局后负责唐史，此前这部分是刘恕负责；隋以前归刘攽；梁以后归刘恕。

后来《资治通鉴》书成，司马康曾对朋友说：“此书成，盖得三人焉。”意思是说《资治通鉴》得以成书，刘恕、刘攽、范祖禹三人功不可没。又说：“《史记》前后汉，则刘贡父（刘攽字贡父）；三国历九朝而隋，则刘道原（刘恕字道原）；唐迄五代，则范淳夫（范祖禹字淳夫）。”由此看来，三位助手的分工，前后是有变化的。可能的情形是：刘攽在离开书局以前，已经完成或基本完成了《史记》及前后汉部分的长编；刘攽离开后，三国至隋就交给了刘恕；刘恕去世前，已经完成或基本完成了三国至隋部分的长编；刘恕去世后，五代部分又交给范祖禹负责。

在洛阳的这些年里，书局在人事方面又有一些变动：司马康加入进来。

熙宁六年（1073年），应司马光奏请，授司马康检阅《资治通鉴》文字，做校对工作。司马康于熙宁三年（1070年）以明经擢上第，释褐试秘书省校书郎、耀州（治今陕西省铜川市）富平县（今陕西省富平县）主簿，而应司马光奏请，留国子监听读。熙宁四年（1071年），又应司马光奏请，授司马康守正字。熙宁五年（1072年），司马康监西京粮料院，迁大理评事。

书局迁来洛阳后，有一年刘恕奏请到洛阳与司马光面议修书事，并得到朝廷的许可。当时刘恕水陆兼程，辗转数千里到达洛阳，“自言比气羸惫，必病且死，恐不复得再见”。意思是说自己元气衰耗，必然会得一场大病，然后死去，恐怕再没机会见面了。刘恕在洛阳待了数月，离开的时候，已是夏历十月。果然，还没到家，得知母亲去世，不久就得了“风疾”，可能就是中风：右手右足偏废，成了半身不遂。卧床数月，痛苦备至，但“每呻吟之隙，辄取书修之”。最后，“病益笃，乃束书归之局中”。元丰元年（1078年）九月，卒，年仅四十七岁。司马光叹道：“以道原之耿介，其不容于人，龃龉以没固宜，天何为复病而夭之邪！此益使人痛惋惝恍而不能忘者也！”对刘恕的英年早逝深表惋惜。

刘恕去世后，《资治通鉴》的编纂继续。

司马光曾在一封给友人的信中说：“某自到洛以来，专以修《资治通鉴》为事，于今八年，仅了得晋、宋、齐、梁、陈、隋六代以来奏御。唐文字尤多，托范梦得将诸书依年月编次为草卷，每四丈截为一卷，自课三日删一卷，有事故妨废则追补，自前秋始删，到今已二百余卷，至大历末年耳。向后卷数又须倍此，共计不减六七百卷，更须三年，方可粗成编。又须细删，所存不过数十卷而已。”现在我们在《资治通鉴》中看到的《唐纪》，从卷第一百八十五至卷第二百六十五，仅八十一卷。从六七百卷到八十一卷，司马光披沙拣金，做了大量的工作。

为《资治通鉴》作注的元代人胡三省曾说，司马光在洛阳，因为上书论新法之害，小人欲行中伤，而司马光的品行无可指摘，于是就散布谣言，说书所以久而不成，是因为书局的人贪图皇家的笔墨绢帛，以及圣上所赐果饵金钱；既而托人暗地检查，才知道当初虽有此圣旨，但书局根本就未曾请领。司马光因此严格按照计划，完成每天的工作量，尽力减少人为干扰，加紧修书。

那些小人的中伤，反倒帮了司马光的忙。因为随着后来时局的发展，司马光迅疾卷入帝国的政治旋涡，他不可能再有大段的时间可以花在修书上。果真那样，《资治通鉴》就永远是一部未竟之作。

据载，神宗对《资治通鉴》喜欢得不得了，常命在经筵上读，所读将尽，而新进未至，就下诏催促。

元丰七年（1084 年）十一月，《资治通鉴》书成。

司马光在《进资治通鉴表》中，历述置局经过后，说：“臣既无他事，得以研精极虑，穷竭所有，日力不足，继之以夜；遍阅旧史，旁采小说，简牍盈积，浩如烟海，抉擿（tì，挑）幽隐，校计毫厘。上起战国，下终五代，凡一千三百六十二年，修成二百九十四卷；又略举事目，年经国纬，以备检寻，为《目录》三十卷；又参考群书，评其同异，俾归一途，为《考异》三十卷，合三百五十四卷。”从中我们可以看出《资治通鉴》成书的艰辛，以及这部大书最初的形式。司马光又说：“臣今筋骸癯瘁，目视昏近，齿牙无几，神识衰耗，目前所为，旋踵遗忘，臣之精力，尽于此书。”意思是说，自己现在身体瘦弱，憔悴不堪，眼睛昏花，视物模糊，牙齿所剩无几，精神衰弱，意识亏损，眼前在做的事，转眼就忘个精光，臣的精力，已为此书耗尽。这部大书可以说就是司马光某段生命的结晶。

《资治通鉴》进呈后，丞相王珪、蔡确去见神宗，问怎么样？神宗答：“当略降出，不可久留。”又赞叹说：“贤于荀悦《汉纪》远矣。”散朝后，神宗派人将书送到中书省，每页都盖上“睿思殿”的印章。睿思殿是皇帝在宫中读书的地方。舍人王震等正好也在中书省，随着宰相来看，宰相笑说：“君无近禁脔。”当初晋元帝迁都建业，公私艰窘，生活极其困难，每猎获一兽，就珍贵得不得了，脖子上的一块肉，尤其宝贝，往往都是立即进献，下边人从不敢动，当时呼为“禁脔”。

元丰七年（1084年）十一月十五日，神宗赐诏嘉奖：

奖谕诏书

敕司马光：修《资治通鉴》成事。

史学之废久矣，纪次无法，论议不明，岂足以示惩劝，明久远哉！卿博学多闻，贯穿今古，上自晚周，下迄五代，发挥缀缉，成一家之书，褒贬去取，有所据依。省阅以还，良深嘉叹！今赐卿银绢、对衣、腰带、鞍辔马，具如别录，至可领也。故兹奖谕，想宜知悉。

冬寒，卿比平安好。遣书，指不多及。十五日。

这部大书是帝王参考书，可作帝王施政时的借鉴，也是一部纯粹的史书，规模宏大，上起晚周，下迄五代，成一家之言。这一点神宗皇帝显然很清楚。这当然是皇帝的诏书，但最后几句，倒好像是朋友间的问候。

接着，十二月初三日，因《资治通鉴》书成，以端明殿学士兼翰林侍读学士司马光，为资政殿学士；校书郎、前知龙水县范祖禹，为秘书省正字。当时刘恕已卒，刘攽遭废黜，所以未有嘉奖。后来，司马光嫌《目录》太过简略，打算作《举要历》八十卷，可惜未及完成。

元丰七年（1084年）十二月，司马光曾上《荐范祖禹状》，当时他说："臣诚孤陋，所识至少，于士大夫间，罕遇其比，况如臣者，远所不及。"意思是说臣孤陋寡闻，认识人有限，在士大夫中间，确实罕有其比，至于我本人，是远远赶不上他的。范祖禹所以有以上任命，当与司马光的倾力举荐不无关系。

后来，司马光于哲宗元祐元年（1086年），又上《乞官刘恕一子札子》，说："臣往岁初受敕编修《资治通鉴》，首先奏举恕同修。恕博闻强记，尤精史学，举世少及。臣修上件书，其讨论编次，多出于恕。至于十国五代之际，群雄竞逐，九土分裂，传记讹谬，简编缺落，岁月交互，事迹差舛，非恕精博，他人莫能整治。"对刘恕的工作给出高度评价。

对助手们给出那么高的评价，丝毫不埋没他们的功绩，于主编司马光那绝对算一种美德。

第五节　节 俭

辞免郊赐　节约开支

熙宁元年（1068 年）的大宋帝国，可谓多灾多难：

六月，黄河泛滥，河水在恩州（治今河北省清河县西）溢出，又在冀州（治今河北省冀州市）决口，向北流入瀛州（治今河北省河间市）。七月，黄河再次泛滥，河水在瀛州溢出。七月十二日，因恩州、冀州黄河水灾，赐给死难人家缗钱，相当于抚恤金，及下等人户粮食，相当于救济粮。紧接着，七月十四日，京师地震。七月二十日，又震，大雨，当夜出现月食。七月二十一日，因河朔大地震，命沿边安抚司及雄州刺史，注意辽国动向，奏闻，并赐给死难人家缗钱；同日，京师又震。七月二十二日，遣御史中丞滕甫、知制诰吴充，安抚河北。七月二十三日，疏导深州（治今河北省深州市南）洪水。八月初二日，京师又震；诏京东、京西两路，存恤河北流民。八月初四日，京师再震。

为应付接二连三的灾难，七月二十七日，降空名诰敕七十道，付河北安抚司，向民间征集粮食。八月十五日，再降空名诰敕，付河东路及鄜延路安抚司，向民间征集粮食，充实边防。这容易让人想到卖官鬻爵。可见，国家已经困穷到了什么程度。

八月初九日，翰林学士兼侍读学士司马光，上《乞听宰臣等辞免郊赐札子》。从中我们知道，此前，宰臣曾公亮等奏：河朔罹灾，调用繁冗，希望将来郊祀大礼毕，两府臣僚，不再按惯例赐给银绢。

司马光在札子中认为：国库素已空虚。今年河北的灾害，又特别严重；黄河决口，加上地震，官府民居，夷为平地，继以霖雨，粮食腐烂。军队尚且缺粮，何暇顾及百姓。冬春之交，百姓生活必定非常困难。国家肯定不会坐视，肯定要救济。而且，城防要修复，决口要堵上，百役并兴，所费不菲。当此之际，朝廷上下应同心协力，痛加裁损，以救一方之急。

然后，司马光说：凡布施恩泽，应从下开始；而裁减用度，应从上开始。只因郊礼陪位，就受数百万的赏赐，臣窃有所不安。臣此前所说的赏赐无节，这也是其中之一；即使臣下不辞，也应裁减，何况自辞，裁之何损？

又说：君子尚义，小人重利。治国者应以义褒奖君子，而以利取悦小人。如今大臣因为灾害，辞赏以救百姓之急，其义可褒；陛下因而听从，是厚遇而非刻薄。但公卿大夫，也不可全无赐予。臣以为，文臣自大两省以上，武臣及宗室自正任刺史以上，内臣自押班以上，将来大礼毕，所赐都宜减半，等将来丰稔，自依旧制；文武朝臣以下，一概不减，似为酌中。

最后司马光强调："臣亦知此物未能富国，诚冀国家因此渐思减损其余浮费，自今日为始耳！"司马光希望以此为契机，作为治理"三冗"问题的开始。

八月十一日，迩英进读毕，神宗问两府辞郊赐的札子，为何不呈上来？

司马光回答说同僚中有人请假了。

神宗问：此事如何？

司马光答：臣此前已有奏状，臣的见解就是那样，请再广泛征求近臣们的意见，由陛下裁定。

神宗问：谁有不同意见？

司马光答：只臣有此愚见，其他人不以为然。

神宗说：朕的意思也和你一样，准许辞赏，是成其美，不是薄待；但减半无益，大臣既然恳辞，不如就全免了。

司马光说：今郊赐下至军队都有，而公卿没有，恐怕于体未顺。

神宗说：已赐金带、马匹了。

司马光说：求尽纳是人臣的志愿，赐其半是人主的恩德。

从这段对话来看，神宗当时的想法比司马光更彻底，他要全部省了那些赏赐。可是没过几天，皇帝就改变了主意。

几天后，司马光与王珪、王安石一同在延和殿进呈郊赐札子。在神宗的面前，司马光与王安石发生了争论——

司马光说：当今国用不足，灾害屡臻，裁减冗费应从高官及近臣开始，应准许两府辞赏为便。

王安石反对：国家富有四海，大臣郊赐所费无几，吝惜不给，不足以富国，徒伤大体！以前常衮辞赐馔，当时的舆论以为，常衮既然自知不能胜任，就应该辞职，而不是仅仅辞赐馔。今两府辞郊赐，正与此同！况且国用不足，不是眼下着急的事！

司马光反驳：常衮辞禄位，尚知廉耻，与固位贪禄者相比，不是要好吗？国家自真宗末，就用度不足，近年尤甚，怎能说不是急事？

王安石说：国用不足，是因为没找到善于理财的人。

司马光不以为然：善于理财的人，不过大肆聚敛，搜刮百姓而已；这样老百姓困穷，流离为盗，对国家有什么好处？

王安石纠正：这不是善于理财的人！善理财的人，不增加老百姓的赋税，就能使国用丰饶。

司马光针锋相对：这是桑弘羊蒙骗汉武帝的话！司马迁记下它，是为了讽刺汉武帝的不明白！天地所生，就那么多，不在民间，就在官府，桑弘羊能使国用富足，不取于民，从何而来？真如桑弘羊所言，汉武帝末年，怎会盗贼肆虐，国家到处追捕？不是老百姓疲极而为盗吗？这种话怎能引以为据！

王安石转移话题：太祖时赵普等做宰相，赏赐有时上万，今郊赐不过三千，哪能算多？

司马光反问：赵普等运筹帷幄，平定诸国，赏以万数，不也很合适吗？今两府助祭，不过跑跑龙套，走走过场，和赵普等能比吗？

两人争论了很久。

神宗最后裁定：朕的意见也和司马光相同，但现在，暂且以不许批复吧。

当天正好轮到王安石当制，由他值班起草制诰，于是草拟批答，引常衮事责两府，两府也不再辞赏。次日迩英讲读罢，神宗独留王安石说话，两府大臣都不敢先退，就那么等着，至晡（下午三点至五点）后乃出。不数日，王安石参知政事。

为解决目前的财政危机，司马光不主张增加赋税，而是裁减不必要的费用；换句话说，眼下帝国的财政出现危机，在司马光看来，不是赋税不够多，而是国家不必要的开支太多了，因此解决的办法，不是增加赋税，而是裁减不必要的费用，不是开源而是节流。但很显然，王安石的话深深打动了神宗。至于争论的结果，神宗并不关心，桑弘羊的是与非，甚至汉武帝末年的社会情形，神宗概不关心。汉武帝时代的战功，才是神宗最关心的。

神宗已经改变主意，不仅仅是在郊赐问题上。

神宗的突然转变，可能也与司马光一个月前的札子，不无关系。熙宁元年（1068 年）七月初三日，司马光曾上《辞免裁减国用札子》，札子很短，但很重要，照录如下：

> 臣近曾乞别选差官，裁减国用，奉圣旨不许辞免。臣以非才，叨忝美职，月受厚俸，常自愧恐，无有报称，若果能有益于国，臣何敢辞？
>
> 窃惟方今国用所以不足者，在于用度太奢、赏赐不节、宗室繁多、官职冗滥、军旅不精，此五者，必须陛下与两府大臣，及三司官吏，深思其患，力救其弊，积以岁月，庶几有效；固非愚臣一朝一夕所能裁减也。
>
> 若但欲知庆历二年裁减国用制度，比见今支费不同数目，只下三司令供析闻奏，立可尽见。

臣愚以为不必更差官置局，专领此事。

况臣所修《资治通鉴》，委实文字浩大，朝夕少暇，难以更兼钱谷差遣。

从札子的内容来看，当时神宗打算成立一个专门机构，由司马光来负责，裁减开支。但司马光先是请换作他人，神宗不许；司马光再辞，神宗就同意了，那个机构没有成立。

神宗很年轻，很着急，大概希望司马光大刀阔斧，一眨眼就砍掉困扰帝国的种种冗费，让国家从困顿的泥沼中摆脱出来。但司马光拒绝了，说那根本不可能，不是一个机构就能解决的问题，它需要高层的努力，必须皇帝本人、两府执政大臣，以及三司的主管官吏，三方共同努力；而且需要时间，必须假以时日，不是一下子就能办到的。皇帝可能相当失望，因为他有太多的计划，那些计划都不能等。可能正是这种失望，让神宗倒向了、或者说把神宗推向了王安石。那个没有成立的机构，也将以制置三司条例司的面目出现。

正是这次推辞，使司马光在后世备受垢病，最有代表性的指责就是：让他干他不干！而别人（王安石）干，他又说三道四！司马光在札子里曾说到，自己忙于纂修《资治通鉴》，所以没有精力和时间再兼任经济工作。我们今天假设，如果不是编修《资治通鉴》，司马光会去负责那个机构吗？恐怕也不会。司马光多次说过，自己的长处是匡正，经济不是他的特长，他不会做不擅长的工作。退一步讲，如果那个机构成立了，司马光也愿意担任此项工作，裁减开支也需要时间，不可能一蹴而就。神宗渴望国家迅速富强，司马光不能满足他的愿望，但王安石可以。这就是历史际遇，所以才有后来的王安石改革。这个不容假设，不得不如此，时也势也，历史的走向，由时势所决定。

自号迂叟　园曰独乐

熙宁六年（1073年），司马光在洛阳尊贤坊北，买地二十亩，辟为“独乐园”。工程完工以后，司马光曾作《独乐园记》。

明仇英绘《司马光独乐园图》

先来说独乐园的格局。根据司马光这篇文章的描述，格局大致是这样：当中有一堂，藏书五千余卷，取名“读书堂”。堂南有屋一所，名“弄水轩”，有水自南向北，贯穿屋下。屋南，中间是一方形水池，深宽各三尺，水分五股，注入池中，形似虎爪；水池以北为暗流；至屋北阶流出，泻入院内，状若象鼻；从此分为两渠，环绕流经庭院四角，最后在院西北汇合，流出。堂北是一池塘，中央有岛，岛上种竹，岛周长三丈，形似玉玦；挽结竹梢，好像渔夫住的窝棚，取名“钓鱼庵”。池塘以北，东西有屋六间，为避烈日，墙壁和屋顶都特别加厚，门朝东，南北对开许多窗户，凉风习习，前后多种翠竹，这是避暑之所，取名“种竹斋”。池塘以东，整地为一百二十畦，杂种各种草药，辨别名称并作标识。畦北为“采药圃”——种竹一丈见方，形似棋盘，弯曲竹梢，遮蔽为屋，又在它的前面种竹，夹道如走廊，又种藤蔓类的草药，覆盖竹上，四周另种木本药，作藩篱。圃南是六栏花，芍药、牡丹、杂花，各二栏；每一品种仅种两棵，辨别形状而已，不求多。栏北为亭，取名“浇花亭”。洛阳城距山不远，但树木茂密，常苦不得见，于是在园中筑台，台上盖屋，以望万安、轩辕、太室等山，取名“见山台”。

当然，这是熙宁六年（1073年）独乐园刚建成时的格局。

为什么取名“独乐园”呢？司马光先说到他的“乐”：

迂叟平日多处堂中读书，上师圣人，下友群贤，窥仁义之原，探礼乐之绪，自未始有形之前，暨四达无穷之外，事物之理，举集目前，所病者学之未至，夫又何求于人、何待于外哉。志倦体疲，则投竿取鱼，执袵采药，决渠灌花，操斧剖竹，濯热盥手，临高纵目，逍遥徜徉，唯意所适。明月时至，清风自来，行无所牵，止无所柅（ní，遏制），耳目肺肠，悉为己有，踽踽焉，洋洋焉，不知天壤之间，复有何乐可以代此也。

可以看出，司马光的“乐”，主要集中在两件事情上：一是读书，当然还包括著述，即编修《资治通鉴》；二是钓鱼、采药、浇花、剖竹、纵目等等，它们既是快乐的一部分，又是困倦时的休息。以上两项也是司马光在洛阳日常生活的主要内容。

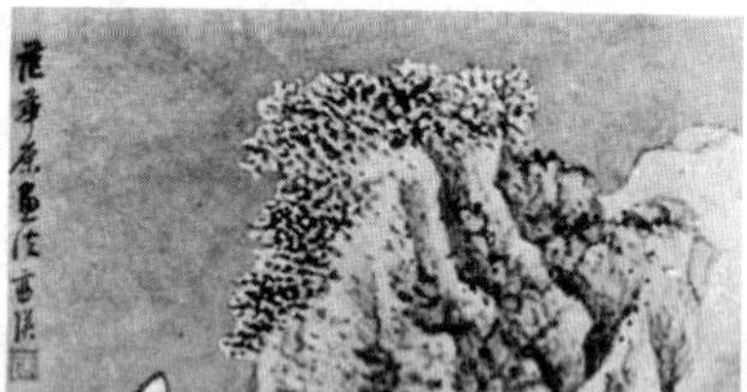

明仇英绘《司马光独乐园图》

那么，又为什么要独乐呢？司马光解释：

孟子曰：独乐乐，不如与人乐乐；与少乐乐，不如与众乐乐。此王公大人之乐，非贫贱者所及也。孔子曰：饭蔬食饮水，曲肱而枕之，乐亦在其中矣。颜子一箪食，一瓢饮，不改其乐。此圣贤之乐，非愚者所及也。若夫鷦鷯巢林，不过一枝，鼹鼠饮河，不过满腹，各尽其分而安之，此乃迂叟之所乐也。

这是说快乐的性质：既不属于王公大人的快乐，也不属于圣哲贤人的快乐，只是自安其分，自得其乐而已；换句话说，自己既不是什么王公大人，也不是什么圣贤，朴素的快乐，不值得他人分享。

然后，司马光又补充：

或咎迂叟曰：吾闻君子所乐，必与人共之。今吾子独取足于己，不以及人，其可乎？迂叟谢曰：叟愚，何得比君子。自乐恐不足，安能及人。况叟之所乐者，薄陋鄙野，皆世之所弃也，虽推以与人，人且不取，岂得强之乎？必也有人肯同此乐，则再拜而献之矣，安敢专之哉。

据说当时的君子们，多以伊、周、孔、孟自比。因此，司马光说自己的快乐，为世人所弃。司马光的言外之意大概是说，自己的快乐在世人看来，太浅薄了、太庸俗了，没有人愿意分享。因此，不得不独乐。

司马光曾为独乐园中的建筑各赋诗一首，成《独乐园七咏》：

《读书堂》：吾爱董仲舒，穷经守幽独。所居虽有园，三年不游目。邪说远去耳，圣言饱充复。发策登汉庭，百家始消伏。

《钓鱼庵》：吾爱严子陵，羊裘钓石濑。万乘虽故人，访求失所在。三旌岂非贵？不足易其介。奈何夸毗子，斗禄穷百态。

《采药圃》：吾爱韩伯休，采药卖都市。有心安可欺，所以价不二。如何彼女子，已复知姓字？惊逃入穷山，深畏名为累。

《见山台》：吾爱陶渊明，拂衣遂长往。手辞梁王命，牺牛惮金鞅。爱君心岂忘，居山神可养。轻举向千龄，高风犹尚想。

《弄水轩》：吾爱杜牧之，气调本高逸。结亭侵水际，挥弄消永日。洗砚可钞诗，泛觞宜促膝。莫取濯冠缨，红尘污清质。

《种竹斋》：吾爱王子猷，借宅亦种竹。一日不可无，萧洒常在目。雪霜徒自白，柯叶不改绿。殊胜石季伦，珊瑚满金谷。

《浇花亭》：吾爱白乐天，退身家履道。酿酒酒初熟，浇花花正好。作诗邀宾朋，栏边长醉倒。至今传画图，风流称九老。

每首诗都以“吾爱”开头。司马光爱的，都不是泛泛之辈。“罢黜百家，独尊儒术”，董仲舒不用介绍；在儒者司马光看来，那当然是很伟大的事业。严子陵早年游学长安，结识了刘秀，刘秀成为汉光武帝后，三次请他，才肯出来，但因谗言，又悄然离去，隐居富春山下，终老丁斯；那里有一“严陵濑”，相传为当年垂钓之处。东汉高士韩伯休，从山中采药出来，卖到长安的集市上去，三十多年，从来都是一口价，后在集市上被一女子认出，从此避居山中，再不肯出来。陶渊明，“采菊东篱下，悠然见南山”，我们都很熟悉。杜牧之，就是唐代著名诗人杜牧，牧之是他的字。“雪夜访戴”的典故，应该都不陌生，主人公就是王子猷，鼎鼎大名的书法家王羲之，是他的父亲。《世说新语》上说王子猷特爱竹，即便寓居，也要种竹数丛，问他为什么，他指着竹子说：“不可一日无此君。”白乐天就是白居易，晚年寓居洛阳，诗酒自娱，优游山林。司马光在诗中写到这些名字，想到他们的事迹，作为对自己的鼓励或者安慰。

凿地为室的故事，就发生在独乐园中。司马光在一首诗的注释中说："新构西斋中凿地为室，谓之凉洞。"不久，他将这项技术发扬光大，"凉洞"由一个，增加到了四个，而且，四周有花卉垂下。在《酬永乐刘秘校（庚）四洞诗》中，他说：

贫居苦湫隘，无术逃炎曦。穿地作幽室，颇与朱夏宜。宽者容一席，狭者分三支。芳草植中唐，嘉卉周四垂。讵堪接宾宴，适足供儿嬉。……所慕于陵子，欲效蚓所为。微窍足藏身，槁壤足充饥。养生既无憾，此外安敢知。唯祈膏泽布，歌啸乐余滋。岂羞泥涂贱，甘受高明嗤。何言清尚士，善颂形声诗。困剥固未尝，并复敢终辞。

其实就是在房子里挖的几个大坑。至于凉爽的原理，大概和我们的地下室差不太多。

此外，独乐园中，至少还有一井亭。据载，宋代洛阳风俗，春天私家园林开放，任人游赏，园丁所得"茶汤钱"，按照惯例要与主人平分。一天，独乐园的园丁吕直，把司马光应得的十千钱交给他，司马光拒绝，叫他拿去，吕直说："只端明不要钱？"十多天后，用那笔钱建了一井亭。

宋人李格非（著名词人李清照的父亲）著有《洛阳名园记》，关于独乐园，他记道：

司马公在洛阳自号迂叟，谓其园曰独乐园。园卑小，不可与他园班。其曰读书堂，数椽屋；浇花亭者，益小；弄水种竹轩（应为弄水轩、种竹斋）者，尤小；见山台者，高不过寻丈；其曰钓鱼庵、采药圃者，又特结竹梢蔓草为之。公自为记，亦有诗行于世。

所以为人钦慕者，不在于园尔。

可见，在洛阳众多的名园当中，独乐园极小，也极质朴，它的知名，不是因为园子本身，而是因为园子的主人。独乐园的面积有二十亩大，这在宋代只能算小不能算大，李格非说独乐园“卑小”，该是写实不是夸张。

司马光写了很多诗给独乐园，如《次韵和宋复古春日五绝句》：

……

车如流水马如龙，花市相逢咽不通。独闭柴荆老春色，任他陌上暮尘红。

东城丝网蹴红毬（指蹴鞠），北里琼楼唱石州。堪笑迂儒竹斋里，眼昏逼纸看蝇头。

……

春天的洛阳城里热闹得很，但司马光却在独乐园里辛苦修书。

在某个初夏，司马光写下《首夏呈诸邻二章》：

首夏木阴薄，清和自一时。笋抽八九尺，荷生三四枝。新服裁蝉翼，旧扇拂蛛丝。莎径热未剧，晨昏来往宜。

爞爞（热气熏蒸状；也作“虫虫”）久旱天，飒飒昨宵雨。尘头清过辙，水脉生新渚。岂徒滋杞菊，亦可望禾黍。勿笑盘蔬陋，时来一觞举。

读罢这些句子，那个初夏的种种细节，仿佛就在我们的眼前。

耆英雅集　厉行节约

我们还记得邵伯温曾说：“洛中风俗尚名教，虽公卿家不敢事形势，人随贫富自乐，于货利不急也。”他接下来的话是：“岁正月梅已花，二月桃李杂花盛开，三月牡丹开。于花盛处作园圃，四方伎艺举集，都人士女载酒争出，择园亭胜地，上下池台间引满歌呼，不复问其主人。抵暮游花市，以筠笼卖花，虽贫者亦戴花饮酒相乐，故王平甫诗曰：‘风暄翠幕春沽酒，露湿筠笼夜卖花。’”

民风如此，士大夫自然不甘落后。

元丰五年（1082 年）正月，兼任西京留守的文彦博，“悉集士大夫老而贤者”，为“洛阳耆英会”，又命司马光记其事，于是有《洛阳耆英会序》。

从这篇文章中我们得知，此会的蓝本是唐代的“九老会”，它的发起人，就是唐代著名诗人白居易；当时白居易在洛阳，与年高德劭的八人交游，时人仰慕，作“九老图”，传于世；入宋以来，洛阳诸公继而为之，已有数次，都在“普明僧舍”画像，那里是白居易的旧居；“洛阳耆英会”这个名称，不是与会者自己取的，是当时别人那么叫的；“洛阳耆英会”也画像，但不是在“普明僧舍”，而是在“妙觉僧舍”；司马光当时六十四岁，其他与会者都在七十岁以上；这篇文章写于第一次集会之后，第一次集会的时间是在元丰五年正月壬辰；集会的地点不是在发起人文彦博的家里，而是在参与者富弼的家里，因为富弼的年龄最大；第一次集会宾主共十一人；王拱臣和司马光是后来才加入的；当时王拱臣写信给文彦博，说我家也在洛阳，官位和年龄也不在诸位之下，只因做官在外就不能参加，感觉特遗憾，希望能被列入，千万别把我落下。

“洛阳耆英会”除司马光、王拱臣外，据《洛阳耆英会序》，其余十一个成员分别为：富弼（字彦国，七十九岁）、文彦博（字宽夫，七十七岁）、席汝言（字君从，七十七岁）、王尚恭（字安之，七十六岁）、赵丙（字南正，七十五岁）、刘凡（字伯寿，七十五岁）、冯行己（字肃之，七十五岁）、楚建中（字正叔，七十三岁）、王谨言（字不疑，七十二岁）、张问（字昌言，七十一岁）、张焘（字景元，七十岁）。十三人当中，文彦博当时判河南府兼西京留守司事，算个正经的职务；王拱臣任北京留守，楚建中、张问、张焘、司马光四人提举嵩山崇福宫，基本相当于退居二线；其余全部致仕，完全是退休的自由人了。

司马光认为自己是晚辈，不敢与会。文彦博向来看重司马光，以唐“九老会”中的狄兼谟，当时年龄也不到七十岁，要司马光依例参加，并说：“某留守北京，遣人入大辽侦事回，云见虏主大宴群臣，伶人剧戏，作衣冠者，见物必攫取怀之，有从其后以挺扑之者，曰：‘司马端明耶？’君实清名在夷狄如此。”意思是说司马光的清名远播夷狄，他做北京留守那会儿，派人去辽国侦察，派去的人回来说，他见辽国皇帝大宴群臣，演员们表演节目，一人扮作士大夫模样，见东西就揣进怀里，有人从背后用棍子敲他，偷窃者就反问是司马端明吗？司马光愧谢，推辞。文彦博不听，命人从幕后，悄悄为司马光画了像。

文彦博以自己身为西京留守，是地主，携歌舞女妓、乐工，至富弼宅办第一次会。然后大家以年龄为序，依次做东。洛阳多名园古刹，有水竹林亭之胜，“诸老须眉皓白，衣冠甚伟，每宴集，都人随观之。”据邵伯温说，曾在“资胜院”建一大厦，取名“耆英堂”，绘像其中，每人赋诗一首。“耆英堂”可能就是司马光所说的妙觉僧舍；当然，也可能是后来专门创建。负责画像的是闽人郑奂。

据说“耆英堂”里的画像上面，其他人“或行或坐或立，幅巾杖履，有萧然世外之致。”而司马光“据案握管”，因为当时正编修《资治通鉴》。

由《耆英会图并诗刻石》我们知道，司马光所赋诗就是《和潞公真率会诗》：

洛下衣冠爱惜春，相从小饮任天真。随家所有自可乐，为具更微谁笑贫？不待珍羞方下筯，只将佳景便娱宾。庾公此兴知非浅，藜藿终难继主人。

从题目看，显然是首和诗，与“真率会”有关。诗的意思大致是说，我们洛阳的这些士大夫们留恋春光，有那些美景已足够愉悦，大家简单备点酒菜就可以了，因为关键不在酒菜，不必多么奢华，奢华了难于持久。它似乎是在解释退出耆英会重组真率会的缘由。这样说来，这首诗应是司马光已经退出耆英会，或者已经决定退出之后，才题写在“耆英堂”里的那幅画像上的。

我们今天仍有幸读到耆英会的会约：第一，“序齿不序官”，就是大家在一起，不讲官职高低，只论年龄大小；第二，“为具务简素，朝夕食各不过五味，菜果脯醢之类共不过二十器，酒巡无算，深浅自斟，饮之必尽，主人不劝，客亦不辞，逐巡无下酒时作菜羹不禁”，就是酒菜一定要简单，早晚的主食各不超过五种，副食总共不超过二十盘，饮酒看个人的量，随便，不死劝，下酒菜没了，可以做些菜汤，不限；第三，“召客共用一简，客注可否于字下，不别作简”，就是召集共用一个帖子，来不来，标上头就行了；第四，“会日，早赴不待速”，就是赴会要早到，别让人催；第五，“右有违约者，每事罚一巨觥”，就是以上有所违犯，每条罚一大杯。

司马光后来退出了耆英会，另作“真率会”，相约：“酒不过五行”，即斟酒不超过五遍；“食不过五味”，即主食不超过五种；“惟菜无限”，即蔬菜不作限制。与耆英会相比，多了酒上的限制，也没有再提到果、脯、醢。显然，招待标准降低了。

司马光有诗《二十六日作真率会伯康与君从七十八岁安之七十七岁正叔七十四岁不疑七十三岁叔达七十岁光六十五岁合五百一十五岁口号成诗用安之前韵》：

七人五百有余岁，同醉花前今古稀。走马斗鸡非我事，纻（zhù，用苎麻织成的布）衣丝发且相晖。经春无事连翩醉，彼此往来能几家。切莫辞斟十分酒，尽从他笑满头花。

从诗中我们可以读到司马光的白发，以及他此时简单却真实的快乐。司马光时年六十五岁，由此断定，这次集会应在元丰六年（1083年）。参加者共有七人：司马光、司马旦（字伯康）、席汝言（字君从）、王尚恭（字安之）、楚建中（字正叔）、王谨言（字不疑），以及叔达。这个叔达，可能就是宋叔达，他似乎年轻时与司马光相识，但其后四十多年断了联系，后来又定居洛阳，作了司马光的邻居。但真率会不止这七个人。还有范纯仁（字尧夫），时任提举西京留司御史台。史书上说他和司马光，“皆好客而家贫，相约为真率会”。看来他还不是普通的成员，而是发起人之一。真率会的成员，可能还包括鲜于侁（字子骏），此前他为举吏所累，罢为主管西京御史台。他是司马光的老朋友，参加真率会，当在情理之中。

从司马光留下的诗篇来看，真率会每次集会，似乎都是先由主办者寄诗给会员，会员如果不能赴会，就和诗一首，说明原因。真率会集会的频率似乎不高，十天甚至月余才聚会一次。

紧随《二十六日》之后的，是这首《别用韵》：

坐中七叟推年纪，比较前人少几多。花似锦红头雪白，不游不饮欲如何？

我们可以读出司马光的无奈。前两句从表面上看，不过直叙其事；而后两句突然就说，大家老境渐深，除了游玩和饮酒，还能有什么追求。

在我居住的这个城市里，有好多干休所，有时候我会带孩子去那里玩，常会碰到老人们玩门球。我不懂这种游戏的规则，只看到球和球的不断相撞。时间就在这些碰撞当中悄悄滑过，当然，快乐也在这些碰撞当中产生。司马光当时的情形，大概就和他们差不多：风烛残年，有限的自娱自乐。如果有人还要指责他们，说那是不务正业，或者浪费光阴之类，那不是太苛刻了吗？

俭与德共　恶由侈生

司马光谥曰“文正”，朱熹也说他“严而正”。司马光一生政敌无数，政敌攻击他不遗余力，但从未拿廉洁问题说事。

司马光在我们今天，是以史学家为世人所知，但他一生的主要身份是官员，他的官员身份被史学家身份淹没了；同样，司马光终生清廉，但他的廉政官员身份，也被其他身份淹没了，而且是压在最底层，以致于人们从未提及，从不把他当廉政典型来对待。司马光身上的闪光点太多，廉洁算不上是最强的。

我们来探究司马光何以廉洁：他如何做到廉洁？他修养的方法有哪些？

司马光从未谈及廉洁，但他谈到过节俭。如果一个人足够节俭，他对物质的要求极低，那么，他大致就不需要贪污，因为贪污对他毫无意义。因此，我们的问题就可以转化为：司马光如何做到节俭？他修养的方法有哪些？

司马光谈俭的文章，叫做《训俭示康》，是训导儿子司马康的，要儿子以俭持家，并且世代相传。

《训俭示康》中，司马光先说到自己的家世："吾本寒家，世以清白相承。"自己虽出身寒微，但世代品行高洁。司马光的高祖司马林、曾祖司马政，生当五代，隐居不仕，入宋，祖父司马炫考中进士，做到耀州（治今陕西省铜川市）富平县（今陕西省富平县北）县令，三人"皆以气节闻于乡里"，他们都有良好的人格操守。这是司马家的家风，这个家族重视品行，把清白看得很重要。清白包括不做违反法律和道德的事，所以贪污是肯定不会做的。这可以当做一种修养的方法，从现在开始从自己做起，树立一种良好的家风，子孙世代相承，个个可做廉洁的典范。

接着，司马光说到自己的天性："吾性不喜华靡"，天性不喜欢奢侈豪华。这种天性的表现，司马光举了两个例子：例一说，自己还是婴儿的时候，长辈给戴上金银饰品，或者给穿上华美的衣服，就羞愧难当，将饰品和衣服，丢弃一旁。这个可能是无意识的，是一种无意识的举动，但司马光认为很重要。例二说自己二十岁进士及第，受到皇帝的宴请，宴会上唯独他不戴花，同年说这是皇帝的恩赐，不可违，他才勉强戴上一朵。这个一定跟家世有关，祖父的作风会影响父亲，父亲的作风又影响到司马光。天性与家世造就了司马光的节俭："平生衣取蔽寒，食取充腹；亦不敢服垢弊以矫俗干名，但顺吾性而已。"对物质的要求不高，吃饱穿暖而已，此外别无所求。例二在我们今天，仍有借鉴的价值，人生在世，穿衣只为御寒，吃饭只为果腹，房子再多也只能睡一张床，物质多了实际没什么用处。想通了这个道理，贪污还有什么意义。

刚才说到家世对司马光的影响，这个不是凭空猜测，是有根据的。证据是司马光给的，就在《训俭示康》里。他说，天圣（1023—1031 年）中，先父任群牧判官，家里来了客人，都要摆酒招待，酒是市场上买的，佐酒的果品，仅止于梨、栗、枣、柿之类，菜肴仅止于脯、醢、菜羹之类，所用器皿不过瓷器和漆器。有读者可能会问：酒不都是市场上买的吗？宋代就不是。脯是干果或干肉，醢是肉酱。宋代以水果、干果、干肉、肉酱、菜羹佐酒，这个古今有别，今天喝酒可不吃这些。只看这个看不出什么。司马光又说到写文章时的情况：近来士大夫家，酒不是皇宫内法酿造，果品、菜肴不是远方珍异，主食不是好多种，器皿不是排列满案，都不敢请客，往往准备挺长时间，才敢发请帖。相比之下，司马光的父亲请客，酒和下酒菜都普通，他的生活就是这样，毫不铺张浪费。父亲生活节俭，司马光继承了节俭，这就是家世对他的影响。这也可以当做一种修养的方法，不妨从现在开始，生活简单一些，朴素一些，这会影响到子孙，你节俭子孙就会节俭，节俭了贪污还有什么用。

司马光很善于借鉴，《训俭示康》中，他举了三个当代的例子。例一是李沆，真宗时作宰相，当时他在汴京的封丘门内，建了所宅邸，客厅只够一匹马转身，有人说太窄了。李沆笑说：宅邸要传给子孙的，这个作为宰相的客厅，确实是窄了点，但作为太祝、奉礼的客厅，就算是宽敞的了。例二是副宰相参知政事鲁宗道，鲁作谏官的时候，真宗紧急召见，使者在酒馆里找到了他，进宫后，真宗问他打哪儿来，鲁据实以对。真宗说：你作的是谏官，谏官是清望官，怎么能在酒馆喝酒呢？鲁回答说：我家贫穷，来了客人，没有器皿、肴、果，所以就去酒馆招待他了。这些话听来莫名其妙：请客不都上酒馆吗？在家里请客才穷酸。这个也是古今有别，宋代上酒馆请客是穷酸，在家里请客才气派，不是主人亲自下厨，家里雇着厨师呢。真宗因为他不隐瞒，更加器重他。例三是张知白，真宗、仁宗朝的宰相。张作了宰相，生活还和以前一样，亲近的人就劝他：您现在俸禄也涨了，还和以前一样节俭，外人对您有看法的，都说您这是作秀，您该稍稍从众。张叹道：以我今天的俸禄，即便全家锦衣玉食，又有何难？但是人之常情，由俭入奢易，由奢入俭难，我今天的俸禄岂能常有？我岂能长生不死？一旦与今天不一样了，家人习惯了奢侈，不能马上节俭，到时必定流离失所。那样的话，哪比得上我在位、离职、健在、去世，都一个样呢？

司马光是位史学家，他很善于借鉴。以上三位都位极人臣，可谓大富大贵，但他们看得很远，既看到自己在位时，还看到自己不在位时，最终都选择了节俭。司马光感叹："呜呼！大贤之深谋远虑，岂庸人所及哉！”大贤深谋远虑，凡人赶不上的。以史为鉴，以大贤为鉴，这也可以当做一种修养的方法，大贤都节俭了，我们还等什么。

司马光奉行节俭，他有理论依据的：“俭，德之共也；侈，恶之大也。”共是同的意思。前半句是说，有德者都由节俭而来：节俭了就欲望少，君子欲望少，就不受外物驱使，可以直道而行；小人欲望少，就能约束自己，节约费用，避免犯罪，发家致富。后半句的是说，无德者都由奢侈而来；奢侈了就欲望多，君子欲望多就贪图富贵，不走正道，招来祸患；小人欲望多就一心钻营，胡乱花费，败家丢命，做官员必定贪污受贿，做百姓必定盗窃财物。这是司马光节俭的依据，也值得我们深长思之。

司马光生活节俭，节俭出廉洁，司马光终生廉洁；至于修养的方法，刚才提到了好几种，每种都值得借鉴和施行。

鞠躬尽瘁　床席萧然

元丰八年（1085 年）九月十七日，奉圣旨对《资治通鉴》重行校定。这项工作一直持续到元祐元年（1086 年）的十月十四日；当日，奉圣旨《资治通鉴》下杭州镂板，宋代主要还是雕版印刷，当时的杭州印刷业发达。

与此同时，另一部书《稽古录》也在撰写中。元祐元年（1086 年）三月十四日，宰相司马光请将已编讫的《稽古录》二十卷，送秘书省正字范祖禹等，令抄写进呈；并请将来经筵，读祖宗《宝训》毕，取此书进读。又请特差校书郎黄庭坚，与范祖禹、司马康共同校定《资治通鉴》。

皇帝准许了。

由《乞令校定〈资治通鉴〉所写〈稽古录〉札子》我们知道，《稽古录》共二十卷，是在《历年图》及《国朝百官公卿表》的基础上续修而成的；《历年图》五卷，上起周威烈王二十三年（前 403 年），下讫周世宗显德六年（959 年），《国朝百官公卿表》上起宋太祖建隆元年（960 年），下讫宋英宗治平四年（1067 年），此次的续修部分，上起伏羲，下至周威烈王二十二年。司马光说：“臣闻史者，今之所以知古，后之所以知先，是故人主不可以不观史，善者可以为法，不善者可以为戒。”《稽古录》实际就是一部通史简编。哲宗皇帝现在还不满十周岁，读《资治通鉴》太费劲，所以司马光又特为撰写了《稽古录》。

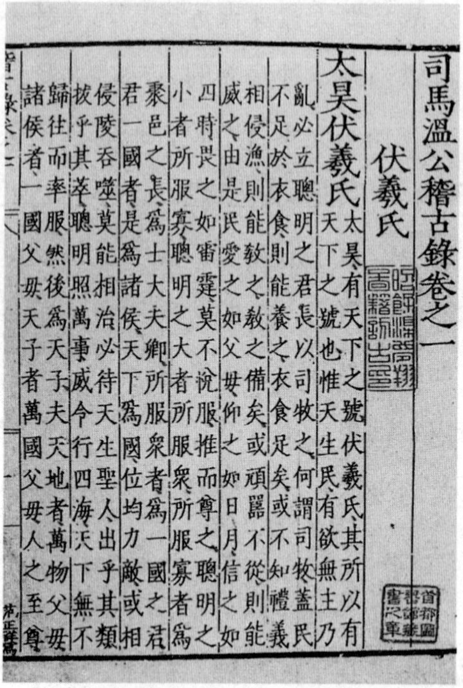
司馬溫公稽古錄卷之一
伏羲氏
太昊伏羲氏 太昊有天下之號伏羲氏其所以有天下之號也惟天生民有欲無主乃
亂必立聰明之君長以司牧之何謂司牧蓋民
不足於衣食則能養之衣食足矣或不知禮義
相侵漁則能教之教之備矣或頑嚚不從則能
威之由是民愛之如父母仰之如日月信之如
四時畏之如雷霆莫不說服推而尊之聰明之
小者所服寡聰明之大者所服衆所服寡者爲
衆邑之長爲士大夫卿所服衆者爲一國之君
君一國者是爲諸侯天下爲國位均力敵或相
侵陵吞噬莫能相治必待天生聖人出乎其類
拔乎其萃聰明照萬事威令行四海天下無不
歸往而率服然後爲天子夫天地者萬物父母
諸侯者一國父母天子者萬國父母人之至尊

《稽古录》，史学的入门读物

从《乞黄庭坚同校〈资治通鉴〉札子》我们知道，去年九月十七日的圣旨，是令秘书省正字范祖禹、司马康用副本对《资治通鉴》重行校定；近日又有圣旨，令据已校毕的定本，陆续送国子监镂板。司马光认为《资治通鉴》“卷帙稍多”，而范祖禹此前差充修《神宗皇帝实录》检讨官，有他的本职工作，“虑恐日近，校定不办，有妨镂板”。担心会影响到校定的进度。“臣窃见秘书省校书郎黄庭坚，好学有文，即日

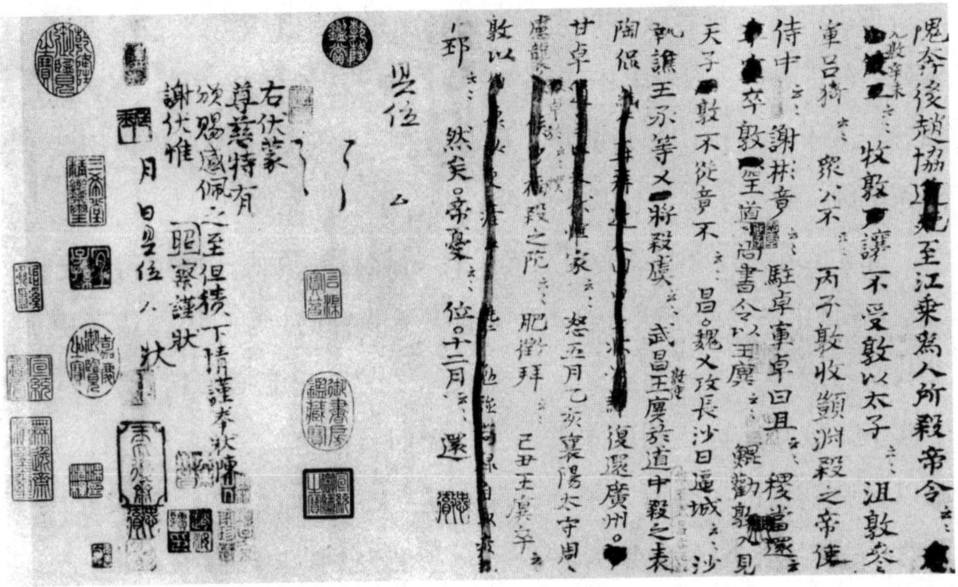

《资治通鉴》草稿二

在本省，别无职事”。因此司马光请特差黄庭坚，令与范祖禹、司马康共同校定《资治通鉴》，“所贵早得了当”。我们似乎可以读出司马光的焦急，他大概希望能在有生之年，见到此事的完成，但终于还是没能够。

当时，秘书少监刘攽等奏：“先与故秘书丞刘恕同编修《资治通鉴》，恕于此书立功最多；及此书成，编修属官皆蒙甄录，惟恕身亡，其家独未沾恩，子孙并无人食禄。请援黄鉴、梅尧臣例，除一子官。”意思是说司马光的助手中间，刘恕对《资治通鉴》的贡献最大，但不幸早亡，没有得到任何褒奖，请录刘恕一个儿子为官。主编司马光接着也为刘恕奏请。七月初六日，准许刘恕一个儿子为官，官阶为郊社斋郎。

在《乞官刘恕一子札子》里，司马光对这位助手给出极高的评价，然后说："所以攽等众共推先，以为功力最多。不幸早夭，不见书成。未死之前，未尝一日舍书不修。今书成奏御，臣等皆蒙天恩，褒赏甚厚，独恕一人不得沾预，降为编户，良可矜悯。欲乞如攽等所奏，用黄鉴、梅尧臣例，除一子官，使其平生苦心竭力，不为虚设。"

元祐元年（1086年），司马光又有《徽言》。在它的序中司马光说："余少好读书，老而不厌，然昏耄日甚，不能复记。暇日因读诸子史集，采其义与经合者，录而存之。苦于秉笔之劳，或但撮其精要，注所出于其下，欲知其详，则取本书证之，命曰《徽言》。置诸左右，时取观以自儆，且诏（教诲）子孙。涑水迂叟，时年六十八。"又于书末题写："余此书类举人钞书，然举子所钞猎其词，余所钞覈（hé，查验、核实）其意；举人志科名，余志道德。迂叟年六十八。"从序和跋来看，这是一本司马光在元祐元年的读书笔记。看来，司马光即便处理政务之余，仍然读书不辍，学者就是这样炼成的。据说《徽言》"所钞自《国语》而下六书，其目三百一十有二"。且"小楷端谨"。意思是说《徽言》共计三百一十二条，内容涉及《国语》等六部书，全是用小楷书写，书法端正谨严。我们都清楚，那是司马光一贯的风格。

本年的四月十四日，诏执政大臣各举可充馆阁者三人。北宋有昭文馆、史馆、集贤院，以及秘阁、龙图阁等，掌图书经籍和编修国史等，通称馆阁。司马光曾建议设十科举士，此诏令正符合他的主张。四月二十四日，司马光上《举张舜民等充馆阁札子》，说："臣窃见奉议郎张舜民，材气秀异，读书能文，刚直敢言，竭忠忧国；通直郎孙准，学问优博，文辞宏赡，行义无缺，久淹下僚；河南府左军巡判官刘安世，才而自晦，愿而有立，力学修己，恬于进取。其人并堪充馆阁之选。"

又说："如后不如所举，臣甘当同罪。"如果名不副实，情愿受罚。六月十六日，"诏候过明堂，令学士院试；其在外者，召赴阙"。让学士院组织考试，在外地的召至京师。

不久，孙准出了问题。八月二十六日，司马光上《所举孙准有罪自劾札子》，说："臣举通直郎孙准，近闻孙准与妻赵氏，因争女使，与妻兄赵元裕相论，诉状内有虚妄事，罚铜六斤。臣昧于知人，所举有罪，理当连坐，乞赐责降。"孙准因为女仆，与妻子发生争执，到后来发展为与妻兄的官司，司马光请求责罚。

皇帝批示："准缘私家小事罚金，安有连坐？"意思是说孙准因家庭琐事被罚，与你无干，哪用着连坐？

司马光在《所举孙准有罪自劾第二札子》中说："臣先举孙准行义无缺，堪充馆阁之选，如后不如所举，甘当同罪。近闻准与妻家争讼，罚铜六斤，臣奏乞连坐责降，伏蒙圣慈批还云，孙准为家私小事罚铜，安有连罪。伏缘臣举状，称准行义无缺，今准闺门不睦，妻妾交争，是行义有缺，于臣为贡举非其人，臣不敢逃刑。况臣近奏十科，或有不如所举，其举主从贡举非其人律科罪，虽见为执政，朝廷所不可辍者，亦须降官示罚。臣备位宰相，身自立法，首先犯之，此而不行，何以齐众？乞如臣所奏，从贡举非其人律施行，所贵率厉群臣，审慎所举。"司马光这是要拿自己开刀。

不从。后仅诏孙准不再召试馆职。

八月十二日是个沉重的日子，当天司马光因病发作，不得不提前离开"都堂"，于是请假。从此，再没能回来。

司马光在稍后的《后殿常起居乞拜札子》里说："臣窃以人臣见君，

礼无不拜，文彦博年龄位望，皆远逾于臣，每后殿起居，犹须拜伏，独臣一人，恩旨不拜，忝为臣子，实不自安。”因此奏请：“今后遇文彦博入朝，与之同班，不入朝，即别为一班，依群臣例常起居”，他似乎对自己的身体非常有信心：“况臣自揣，近日筋力微增，若得臣男扶掖，其常起居四拜，殊不为难。”这可能就是人们常说的回光返照。

八月二十一日，司马光辞明堂大礼使。

八月二十四日，司马光辞明堂宿卫。

然后，又辞提举修《神宗皇帝实录》。

以上三道札子好像晚会结束前演员们的频频谢幕；但要结束的不是晚会，而是司马光的人生。虽然明知道司马光已是古人，但我仍不由自主为之一震，有如天空响过一声惊雷。

元祐元年（1086 年）九月丙辰朔，即九月初一日，尚书左仆射兼门下侍郎司马光，“薨”于西府，享年六十八岁。

据史书记载，从出任门下侍郎算起，到九月初一日的去世，前后不过一年多的时间，但患病就占去了一半。司马光每每要以身殉社稷，亲自处理政务，不舍昼夜，宾客见他身体弱，劝他：“诸葛孔明二十罚以上皆亲之，以此致疾，公不可以不戒。”意思是说当年诸葛亮就是因为过于操劳，才终于病倒，先生不可不引以为戒。司马光说：“死生，命也。”反而更加投入。

司马光逝世以后，他的床席空空如也，只枕边有《役书》一卷。弥留之际，他的意识已经模糊不清，口中仍念念有词，像是在说梦话，但所说内容都是关于朝廷天下的大事。司马光逝世以后，他的家人发现八页未及上呈的奏章，全是手札，论当世要务。司马光可谓鞠躬尽瘁。

司马光临终前对自己的后事曾经有过安排。有人曾写过一篇《布衾铭》，说富贵，短命早死。简单的快乐易得且长久，物质的享乐难得且短暂。司马光很喜欢这篇《布衾铭》。神宗元丰（公元 1078—1085 年）间，司马光住在洛阳，老朋友范镇从许昌来看望他，送他一床布被子。司马光就将《布衾铭》，写在布被子的被头上。等到卧病家中的时候，司马光向儿子司马康交代，死后装殓，给他穿上古时士大夫家居所穿的深衣，再盖上这床布被子。

司马光要简葬。可是，他逝世的次日，朝廷下诏说：司马光为国家鞠躬尽瘁，减少了的寿命，我很过意不去；他的丧葬事宜一概由国家来负责，以答谢他对朝廷的尽心竭力。司马康坚辞：父亲临终前对自己的后事有交代，要简葬；官葬过于盛大，与先父本意不符。朝廷又下诏说：如果这样，怎么酬答臣子的忠诚与勤勉呢？我自己交代你的父亲好了，这个不构成推辞的理由。司马光已经逝世，不知道皇帝如何向他交代。最后司马康只好说：先父有遗训，不敢不上奏。陛下既然有令，自然无所不可，怎敢不惟命是听。

官葬有定制，但实际操作当中，也因地制宜，做了许多修改：改石门为柏木门，仪椁撤去不用。因此花费不多工程顺利，在预期之内就完成了。

宋哲宗元祐二年（公元 1087 年）正月，葬司马光于夏县涑水以南晁村的司马氏祖茔。

第三章 司马光箴言

公忠信孝友，恭俭正直，出于天性。自少及老，语未尝妄，其好学如饥之嗜食，于财利纷华，如恶恶臭，诚心自然，天下信之。退居于洛，往来陕郊，陕洛间皆化其德，师其学，法其俭，有不善，曰："君实得无知之乎！"

勤政

任贤必治，任不屑必乱，必然之道也。

上以制下，寡以统众，而纲纪定矣。

为官择人，唯才是与。苟或不才，虽亲不用。

才德全尽谓之“圣人”，才德兼亡谓之“愚人”，德胜才谓之“君子”，才胜德谓之“小人”。凡取人之术，苟不得圣人，君子而与之，与其得小人，不惹得愚人。

不素养士而欲求贤，譬犹不琢玉而求文采也。

夫贤者，其德足以敦化正俗，其才足以顿纲振纪，其明足以烛微虑远，其强足以结仁固义。大则利天下，小则利一国。

家贫思良妻，国乱思良相。

圣人之官人，犹匠之用材也，取其所长，用其所短。

有贤不能和，与无贤亦同。

用兵之道，抚士贵诚，制敌贵诈。

善治财者，养其所自来，而收其所有余，故用之不竭，而上下交足也。

人臣之谊，宜直言正论，非苟阿意顺指。

楚不用吴起而削乱，秦用商君法而富强。

凡人之情，穷则思变。

用人如器，各取所长。

非信无以使民，非民无以守国。

天地之功不可仓卒，艰难之业当累日月。

大者为纲，小者为纪，所以张理上下，整齐人道也。

人主自威，则众谋不进。

上不信下，下不信上；上下分离，以至于败。

人不可以求备，必舍其短，取其所长。

责其所难，则其易者不劳而正；补其所短，则其长者不功而遂。

政以得贤为本，治以去秽为务。

凡取人之术，苟不得圣人、君子而与之，与其得小人，不若得愚人。何则？君子挟才以为善，小人挟才以为恶。挟才以为善者，善无不至矣；挟才以为恶者，恶亦无不至矣。愚者虽欲为不善，智不能周，力不能胜，譬如乳狗搏人，人得而制之。小人智足以遂其奸，勇足以决其暴，是虎而翼者也，其为害岂不多哉！夫德者人之所严，而才者人之所爱；爱者易亲，严者易疏，是以察者多蔽于才而遗于德。自古昔以来，国之乱臣，家之败子，才有余而德不足，以至于颠覆者多矣，岂特智伯哉！故为国为家者苟能审于才德之分而知所先后，又何失人之足患哉！

举贤为国，非为私人也。

平而后清，清而后明。

举才不出氏族，用法不硬权贵，是以方不济务，奸无所惩。

仁以厚下，俭以足用。

信者，人君之大宝也。

天之生人，各有偏长。国家之用人，备有众长。然而投之所向，辄不济事者，所用非所长，所长非所用也。

修 身

不宝金玉，而忠信为宝。

众人皆以奢靡为荣，吾心独以俭朴为美。

人若无足，既得陇，复望蜀邪！

销恶于未萌，弥祸于未形。

尽小者大，慎微者著。

吾无过人者，但生平行为，无不可对人言耳。

君子寡欲则不役于物，可以直道而行；小人寡欲则能谨身节用，远罪丰家。

不受非分之赐，则廉耻立。

经师易遇，人师难遇。

君子多欲则贪慕富贵，枉道速祸；小人多欲则多求妄用，败家丧身。

宽厚清慎，犯而不挍。

币厚言甘，人之所畏也。

忍小忿而存大信。

大禹圣者，乃惜寸阴；至于众人，当惜分阴，岂能生无益于时，死无闻于后，是自弃也。

骄奢生于富贵，祸乱生于疏忽。

口有蜜，腹有剑。

面从后言，古人所戒。

俭约，所以彰其美也。

贫贱之交不可忘，糟糠之妻不下堂。

正心以为本，修身以为基。

闻其过者，过日消而福臻；闻其誉者，誉日损而祸至。

兼听则明，偏信则暗。

爱之不以道，适所以害之也。

丈夫一言许人，千金不易。

治 学

小事不糊涂之谓能，大事不糊涂之谓才。

才者，德之资也；德者，才之帅也。

凡百事之成也在敬之，其败也必在慢之。

前事不远，吾属之师。

养子不教父之过，训导不严师之惰。

盖聪明疏通者戒于无断，湛静安舒者戒于后时，广心浩大者戒于遗忘。

鹰击天风壮，鹏飞海浪春。

书不可不成诵，或在马上，或在中夜不寝时，咏其文，思其义，所得多矣。

学者贵于行之，而不贵于知之。

学者贵于行之，而不贵于知之。

训俭示康

吾本寒家，世以清白相承。吾性不喜华靡，自为乳儿，长者加以金银华美之服，辄羞赧弃去之。二十忝科名，闻喜宴独不戴花。同年曰："君赐不可违也。"乃簪一花。平生衣取蔽寒，食取充腹；亦不敢服垢弊以矫俗干名，但顺吾性而已。众人皆以奢靡为荣，吾心独以俭素为美。人皆嗤吾固陋，吾不以为病。应之曰：孔子称"与其不逊也宁固"；又曰"以约失之者鲜矣"；又曰"士志于道，而耻恶衣恶食者，未足与议也。"古人以俭为美德，今人乃以俭相诟病。嘻，异哉！

近岁风俗尤为侈靡，走卒类士服，农夫蹑丝履。吾记天圣中，先公为群牧判官，客至未尝不置酒，或三行、五行，多不过七行。酒酤于市，果止于梨、栗、枣、柿之类；肴止于脯、醢、菜羹，器用瓷、漆。当时士大夫家皆然，人不相非也。会数而礼勤，物薄而情厚。近日士大夫家，酒非内法，果、肴非远方珍异，食非多品，器皿非满案，不敢会宾友，常量月营聚，然后敢发书。苟或不然，人争非之，以为鄙吝。故不随俗靡者，盖鲜矣。嗟乎！风俗颓弊如是，居位者虽不能禁，忍助之乎！

又闻昔李文靖公为相，治居第于封丘门内，厅事前仅容旋马，或言其太隘。公笑曰："居第当传子孙，此为宰相厅事诚隘，为太祝奉礼厅事已宽矣。"参政鲁公为谏官，真宗遣使急召之，得于酒家，既入，问其所来，以实对。上曰："卿为清望官，奈何饮于酒肆？"对曰："臣家贫，客至无器皿、肴、果，故就酒家觞之。"上以无隐，益重之。张文节为相，自奉养如为河阳掌书记时，所亲或规之曰："公今受俸不少，而自奉若此。公虽自信清约，外人颇有公孙布被之讥。公宜少从众。"公叹曰："吾今日之俸，虽举家锦衣玉食，何患不能？顾人之常情，由俭入奢易，由奢入俭难。吾今日之俸岂能常有？身岂能常存？一旦异于今日，家人习奢已久，不能顿俭，必致失所。岂若吾居位、去位、身存、身亡，常如一日乎？"呜呼！大贤之深谋远虑，岂庸人所及哉！

御孙曰："俭，德之共也；侈，恶之大也。"共，同也；言有德者皆由俭来也。夫俭则寡欲，君子寡欲，则不役于物，可以直道而行；小人寡欲，则能谨身节用，远罪丰家。故曰："俭，德之共也。"侈则多欲。君子多欲则贪慕富贵，枉道速祸；小人多欲则多求妄用，败家丧身；是以居官必贿，居乡必盗。故曰："侈，恶之大也。"

昔正考父饘粥以糊口，孟僖子知其后必有达人。季文子相三君，妾不衣帛，马不食粟，君子以为忠。管仲镂簋朱纮，山节藻棁　，孔子鄙其小器。公叔文子享卫灵公，史鰌（qiu）知其及祸；及戌（xū），果以富得罪出亡。何曾日食万钱，至孙以骄溢倾家。石崇以奢靡夸人，卒以此死东市。近世寇莱公豪侈冠一时，然以功业大，人莫之非，子孙习其家风，今多穷困。其余以俭立名，以侈自败者多矣，不可遍数，聊举数人以训汝。汝非徒身当服行，当以训汝子孙，使知前辈之风俗云。

【翻译】

我本来（出身在）贫寒的家庭，一代一代都凭借清白（的家风）相继承。我生性不喜欢豪华奢侈，从做婴儿（时起），长辈把饰有金银的华美的衣服加（在我身上），（我）总是因害羞而脸红并扔掉它。二十（岁那年）忝列在（进士的）科名（之中），（参加）闻喜宴（时），只有（我）不戴花，同年说：“（花是）君王赐戴的，不能违反（不戴）。”（我）才（在帽檐上）插上一枝花。（我）一向衣服（只）求抵御寒冷，食物（只）求饱肚子，也不敢故意穿肮脏破烂的衣服以表示与一般人不同，以此取得人们的赞扬。只是顺着我的本性（行事）罢了。许多人都把奢侈浪费看作光荣，我心里独自把节俭朴素看作美德。别人都讥笑我固执，不大方，我不把这作为缺陷，回答他们说：“孔子说：‘与其骄纵，毋宁固陋。’又说：‘因为俭约而犯过失很少。’又说：‘有志于探求真理但却以吃得不好，穿得不好，为羞耻的读书人，是不值得跟他谈论的。’古人把节俭作为美德，现在的人却因节俭而相讥议，（认为是）缺陷，嘻，（真）奇怪呀！”

近年风气尤其奢侈浪费，当差的大都（穿）士人的衣服，农夫穿丝织品做的鞋。我记得天圣年间（我的）父亲做群牧司判官（时），客人来了未尝不摆设酒席，（但）有时斟（酒）三次，（有时）斟五次，最多不超过七次（就不斟了）。酒（是）向市上买的，水果限于梨、栗子、枣、柿子之类，下酒菜限于干肉、肉酱、菜汤，食具用瓷器和漆器。当时士大夫人家都这样，人家（并）不讥笑非议。（那时）聚会次数多而礼意殷勤，食物少而感情深厚。近来士大夫家庭，酒（如果）不是（照）宫内酿酒的方法（酿造的），水果、下酒菜（如果）不是远方的珍贵奇异之品，食物（如果）不是（很）多品种，食具（如果）不是（摆）满桌子，（就）不敢约会招待客人朋友。（为了约会招待）往往（先要用）几个月（的时间）准备，然后（才）敢发请柬。如果有人不这样做，人们（都）争着非议他，认为（他）没有见过世面、舍不得花钱。因此不跟着习俗顺风倒的（人），（就）少了。唉，风气败坏得像这样，即使是居高位有权势的人不能禁止，（难道）忍心助长这种恶劣风气吗？

又听说从前李文靖公做宰相（时），在封丘门内修筑住宅，厅堂前面仅仅（能够）让（一匹）马转个身。有人说它太狭窄，（李文靖）公笑笑说："住宅（是）要传给子孙（的），这里作为（我当）宰相的厅堂，确实（是）狭窄，（但是将来）用作（当）太祝、奉礼（我的子孙）的厅堂（却）已经宽敞了。"参政鲁公当谏官（时），真宗派人紧急召见他，（后来）在酒馆里找到他，（鲁公）入宫以后，真宗问他从哪里来，（他）如实地回答（真宗）。皇上说："你（担任的官职）作为清高有名望的官，为什么在酒馆里喝酒？"（他）回答说："小臣家里贫寒，客人来了没有食具、下酒菜、水果，所以就到酒馆请客人喝酒。"皇上因为（鲁公）不隐瞒实情，越发器重他。张文节当宰相（时），自己生活享受如同（以前）当河阳节度判官时（一样），亲近的人有的劝他说："您现在领取的俸禄不少，可是自己生活享受（却）像这样（节俭），您虽然自己知道（自己）确实（是）清廉节俭，（但是）外人（对您）很有讥评，说您如同公孙弘盖布被子那样矫情作伪，您应该稍稍随从众人（的习惯做法才好）。"（张文节）公叹息说："我今天的俸禄（这样多），即使全家（穿）绸缎的衣服，（吃）珍贵的饮食，还怕不能做到（吗）？但是人们的常情，由节俭进入奢侈（是）容易（的），由奢侈进入节俭（却）困难（了）。我今天的（高）俸禄哪能长期享有（呢）？（我）自己（的健康）哪能长期保持（呢）？（如果）有一天（我罢官或病死了，情况）与现在不一样，家里的人习惯于奢侈生活已经很久，不能立刻节俭，（那时候）一定会（因为挥霍净尽而）弄到饥寒无依，哪里像我做（大）官或不做（大）官，活着或死亡，（家中的生活标准都）固定像（同）一天（一样）呢？"唉，大体有道德才能的人的深谋远虑，哪里（是）凡庸的人所（能）比得上的呢！

御孙说："节俭（是各种好）品德的共（有特点），奢侈（是各种）罪恶中的大（罪）。""共"（就是）"同"，（是）说有（好）品德的人都是由节俭而来的。（因为如果）节俭就少贪欲。有地位的人（如果）少贪欲，就不为外物所役使，不受外物的牵制，可以走正直的道路。没有地位的人（如果）少贪欲，就能约束自己，节约费用，避免犯罪，丰裕家室。所以说："节俭（是各种好）品德的共（有特点）。"（如果）奢侈就会多贪欲。有地位的人（如果）多贪欲，就会贪图富贵，不走正路，（最后）招致祸患；没有地位的人（如果）多贪欲，就会多方营求，随意浪费，（最后）败家丧身。因此，做官的（如果奢侈，就）

必然贪赃受贿，在乡间（当老百姓的，如果奢侈就）必然盗窃他人财物。所以说："奢侈（是各种）罪恶（中）的大（罪）。"

古时候正考父用稀粥维持生活，孟僖子（因而）推知他的后代必定有显达的人。季文子（前后）辅佐三位国君，（他的）小妻不穿丝绸，马不喂小米，有名望的人认为（他）忠（于公室）。管仲（使用）刻有花纹的食具、红色的帽带，（住宅有）上边刻着山岳的斗拱，上边画着水藻的梁上的短柱（生活奢华），孔子看不起他，（批评他）见识不高。公叔文子（在家里）宴请卫灵公，史鳅知道他（一定将要）遭到灾祸，（果然）到了（文子去世，文子的儿子）公孙戌（时），（公孙戌就）因为富裕招罪，出国逃亡。何曾一天吃喝（要花）一万（个）铜钱，到了孙子（这一代就）因为傲慢奢侈而家产荡尽。石崇以奢侈浪费来向人夸耀，终于因此而死在刑场上。近年寇莱公的豪华奢侈，在当代人中堪称第一，但是因为（他的）功业大，所以人们不批评他。（可是他的）子孙习染他的家风（也豪华奢侈），现在多数穷困。其他因为节俭而立下（好）名声，因为奢侈而自招失败的事例（还很）多，不能统统列举。（上面）姑且举几个人用来教诲你。你不但本身应当履行（节俭），（还）应当以（节俭）教诲你的子孙，使他们了解前辈的（生活）作风习俗。

历代对司马光的评价

韩　琦　大忠大义，充塞天地，横绝古今。

吕公著　孔子上圣，子路犹谓之迂。孟轲大贤，时人亦谓之迂阔。况光岂免此名。大抵虑事深远，则近于迂矣。

程　颐　阅人多矣！不杂者，司马、邵、张三人耳。

邵　雍　君实脚踏实地人也。

君实九分人也。

宋神宗　司马光方直。

未论别者，即辞枢密一节，自朕即位以来，唯见此人。

苏　轼　公忠信孝友，恭俭正直，出于天性。自少及老，语未尝妄，其好学如饥之嗜食，于财利纷华，如恶恶臭，诚心自然，天下信之。退居于洛，往来陕郊，陕洛间皆化其德，师其学，法其俭，有不善，曰："君实得无知之乎！"博学无所不通，音乐、律历、天文、书数，皆极其妙。晚节尤好礼，为冠婚丧祭法，适古今之宜。不喜释、老，其文如金玉谷帛药石也，必有适于用，无益之文，未尝一语及之。

邵伯温　盖帝知为治之要：任宰辅，用台谏，畏天爱民，守祖宗法度。时宰辅曰富弼、韩琦、文彦博，台谏曰唐介、包拯、司马光、范镇、吕诲云。呜呼，视周之成、康，汉之文、景，无所不及，有过之者，此所以为有宋之盛欤？

王　称　君子之用世也，惟人心，岂可以强得哉，湛然无欲，而推之以至诚，斯天下归仁矣，光以忠事仁宗，而大计以定，以义事英宗，而大伦以正，以道事神宗，而大名以立，以德事哲宗，而大器以安，方其退居于洛也，若与世相忘矣，及其一起，则泽被天下，此无他诚而已，诚之至也，可使动天地、感鬼神，而况于人乎？故其生也，中国四夷望其用，及其死也，罢市巷哭思其德，其能感人心也如此，是岂人力所致哉，自古未之有也。

张　轼　司马温公改新法，或劝其防后患，公曰："天若祚宋，必无此事！”更不论一己利害。虽圣人，不过如此说。近于“终条理者”矣。

李　纲　元祐大臣如司马光之流，皆持正论，而群枉嫉之，指为奸党。士风递相仿效，颠倒是非，变乱白黑，政事大坏，以驯致靖康之变。

朱　熹　公忠信孝友恭俭正直出于天性，其好学如饥渴之嗜饮食，于财利纷华如恶恶臭；诚心自然，天下信之。退居于洛，往来陕洛间，皆化其德，师其学，法其俭。有不善曰：君实得无知乎！博学无所不通。

吕　中　所贵乎大臣者，非以其有过天下之材智也，必其有服天下之德望也。王安石所以变旧法之易者，以其虚名实行，足以取信于人。司马光所以改新法之易者，以其居洛十五年，天下皆期之为宰相也。然安石其权臣，温公其重臣欤。

王应麟　欧阳子之论笃矣，而“不以天参人”之说，或议其失。司马公之学粹矣，而“王霸无异道”之说，或指其疵。信乎立言之难！

脱　脱　熙宁新法病民，海内骚动，忠言谠论，沮抑不行；正人端士，摈弃不用。聚敛之臣日进，民被其虐者将二十年。方是时，光退居于洛，若将终身焉。而世之贤人君子，以及庸夫愚妇，日夕引领望其为相，至或号呼道路，愿其毋去朝廷，是岂以区区材智所能得此于人人哉？德之盛而诚之著也。

张　燧　司马温公为相，每询士大夫“私计足否？”人怪而问之，公曰：“倘衣食不足，安肯为朝廷而轻去就耶？”袁石公有云：“学问到透彻处，其言语都近情，不执定道理以律人。”若公者，庶可语此矣。

林时对　国之任相，犹室之任栋；用匪其材，鲜不颠覆。虽云大厦将倾，非一木能支；然转亡为存、图危于安，不乏斡旋补救之术。如危而不持、颠而不扶，则将焉用彼相矣。古来旁求爰立、或取诸梦卜、或起自屠钓，咸能光复启宇，祀夏配天。无论汉、唐、宋全盛，萧、曹、丙、魏、房、杜、姚、宋，洎韩、富、范、欧、司马诸公，克奏戡定弭宁之略。即东晋偏安用谢安石、桓玄叔，遂延典午之祚。北宋南渡，用李伯纪、赵元镇、再奠艺祖之基。国以一人兴，岂不诚然哉！

王夫之　自开元以后，河北人材如李太初（李沆）、刘器之（刘安世）、司马君实者，盖晨星之一见尔。

马、吕两公非无忧国之诚也，而刚大之气，一泄而无余。一时蠖屈求伸之放臣，拂拭于蛮烟瘴雨之中，愔愔自得。上不知有志未定之冲人，内不知有不可恃之女主，朝不知有不修明之法守，野不知有难仰诉之疾苦，外不知有睥睨不逞之强敌，一举而委之梦想不至之域。群起以奉二公为宗主，而日进改图之说。二公且目眩耳荧，以为唯罢此政，黜此党，召还此人，复行此法，则社稷生民巩固无疆之术不越乎此。呜呼！是岂足以酬天子心膂之托，对皇天，质先祖，慰四海之孤茕，折西北之狡寇，而允称大臣之职者哉？

顾栋高《司马温公年谱序》　唯公忠厚质直，根于天性，学问所到，诚实金石。自少至老，沉密谨慎，因事合变，动无过差。故其文不事高奇，粥粥乎如菽粟之可以疗饥，参苓之可以已病。

方孝孺　儒者之泽，大行于民。伊、周以来，惟公一人。

石蕴玉　熟诵公名，中华外域。签判居苏，乃为亲屈。

梁启超　司马温公亦伟人哉。

蔡东藩　到底安邦恃老成，甫经借手即清平。如何天不延公寿？坐使良材一旦倾。

历代对《资治通鉴》的评价

司马光的《资治通鉴》与司马迁的《史记》并列为中国史学的不朽巨著，所谓“史学两司马”。

南宋史学家王应麟评价说：“自有书契以来，未有如《通鉴》者。”

宋末元初胡三省评价此书：“为人君而不知《通鉴》，则欲治而不知自治之源，恶乱而不知防乱之术，为人臣而不知《通鉴》，则上无以事君，下无以治民，为人子而不知《通鉴》，则谋身必至于辱先，作事不足以垂后。”“《通鉴》不特记治乱之迹而已，至于礼乐、历数、天文、地理、尤致其详。读者如饮河之鼠，各充其量而已”。

清代顾炎武在《日知录·著书之难》中高度评价《资治通鉴》和马端临的《文献通考》，称赞这两部著作“皆以一生精力成之，遂为后世不可无之书”。

王鸣盛认为：“此天地间必不可无之书，亦学者必不可不读之书。”“读十七史，不可不兼读《通鉴》。《通鉴》之取材，多有出正史之外者，又能考诸史之异同而裁正之。昔人所言，事增于前，文省于旧，惟《通鉴》可以当之”。

《通鉴》亦有高度文学价值，曾国藩撰成《经史百家杂钞》一书，其中选录《资治通鉴》11篇。曾国藩评价此书说：“窃以先哲惊世之书，莫善于司马文正公之《资治通鉴》，其论古皆折衷至当，开拓心胸。”

近代著名学者梁启超评价《通鉴》时说：“司马温公《通鉴》，亦天地一大文也。其结构之宏伟，其取材之丰赡，使后世有欲著通史者，势不能不据以为蓝本，而至今卒未有能愈之者焉。温公亦伟人哉！”

毛泽东曾十七次批注过《资治通鉴》，并评价说：“一十七遍。每读都获益匪浅。中国有两部大书，一曰《史记》，一曰《资治通鉴》，都是有才气的人，在政治上不得志的境遇中编写的。《通鉴》里写战争，真是写得神采飞扬，传神得很，充满了辩证法。”

《通鉴》成书不久，其体例后世仿效亦众，著名的有南宋金履祥作《资治通鉴前编》、南宋李焘的《续资治通鉴长编》、秦缃业的《资治通鉴长编拾补》，李心传的《建炎以来系年要录》，专记宋高宗一朝史事，此书是为续李焘《续资治通鉴长编》而作，徐梦莘的《三朝北盟会编》，专记宋徽宗、钦宗、高宗三朝与金人和战之事。南宋史家袁枢读《资治通鉴》，因分事立目，共记二百三十九事，另附录六十六事，钞辑成书《通鉴纪事本末》，开创“纪事本末体”之先河；朱熹著《资治通鉴纲目》，用意在标榜“正统”“名教”之思想；王夫之著《读通鉴论》，清代徐干学的《资治通鉴后编》、毕沅的《续资治通鉴》。王应麟有书《玉海》，书里面有一部《通鉴答问》。伍耀光辑《通鉴论》，前有史事简介，季亮时辑《司马温公通鉴论》，宋晞《司马光史论》专辑“臣光曰”，最为简略。历代研究者不乏人，使其成为一门专门学问，即“通鉴学”。金朝人亦好读《通鉴》，完颜琦与蔡圭、萧贡并称金源一代《通鉴》三大名家。完颜琦“读《通鉴》至三十馀过”，元好问说他“于书无所不读，而以《资治通鉴》为专门，驰骋上下千有三百馀年之事，其善恶、是非、得失、成败，道之如目前，穿贯他书，考证同异，虽老于史学者不加详也”。

由于《资治通鉴》着重政治军事方面，所以后世有称之为“帝王之书”，即使中国帝王制度已不存在，仍有一些人钻研《资治通鉴》，作谋略上研究。如20世纪80年代日本便掀起一片通鉴热，研究者主要都是借此书作商战之用。

司马光《与王介甫书》（熙宁三年二月二十六日）

光居尝无事不敢涉两府之门，以是久不得通名于将命者。春暖，伏惟机政余裕，台候万福。

孔子曰："益者三友"，"损者三友"。光不材，不足以辱介甫为友，然自接侍以来十有余年，屡尝同僚，亦不可谓之无一日之雅也。虽愧多闻，至于直谅，不敢不勉。若乃便辟、善柔、便佞，则固不敢为也。孔子曰："君子和而不同，小人同而不和。"君子之道，出处语默，安可同也，然其志则皆欲立身行道，辅世养民，此其所以和也。向者与介甫议论朝廷事，数相违戾，未知介甫之察不察，然于光，向慕之心未始变移也。窃见介甫独负天下大名三十余年，才高而学富，难进而易退，远近之士，识与不识，咸谓介甫不起而已，起则太平可立致，生民咸被其泽矣。天子用此起介甫于不可起之中，引参大政，岂非亦欲望众人之所望于介甫邪？今介甫从政始期年，而士大夫在朝廷及自四方来者，莫不非议介甫，如出一口；下至闾阎细民，小吏走卒，亦窃窃怨叹，人人归咎于介甫，不知介甫亦尝闻其言而知其故乎？光窃意门下之士方曰誉盛德而赞功业，未始有一人敢以此闻达于左右者也。非门下之士，则皆曰：彼方得君而专政，无为触之以取祸，不若坐而待之，不过二三年，彼将自败。若是者，不唯不忠于介甫，亦不忠于朝廷。若介甫果信此志，推而行之，及二三年，则朝廷之患已深矣，安可救乎？如光则不然，忝备交游之末，不敢苟避谴怒，不为介甫一一陈之。今天下之人恶介甫之甚者，其诋毁无所不至，光独知其不然。介甫固大贤，其失在于用心太过，自信太厚而已。

何以言之，自古圣贤所以治国者，不过使百官各称其职，委任而责成功也。其所以养民者，不过轻租税、薄赋敛、已逋责也。介甫以为此皆腐儒之常谈不足为，思得古人所未尝为者而为之，于是财利不以委三司而自治之，更立制置三司条例司，聚文章之士及晓财利之人，使之讲利。孔子曰："君子喻于义，小人喻于利。"樊须请学稼，孔子犹鄙之，以为不如礼义信，况讲商贾之本利乎？使彼诚君子邪，则固不能言利；彼诚小人邪，则惟民是虐，以饫上之欲，又可从乎？是知条例一司已不当置而置之，又于其中不次用人，往往暴得美官，于是言利之人，皆攘臂圜视，炫鬻争进，各斗智巧以变更祖宗旧法。大抵所利不能补其所伤，所得不能偿其所亡，徒欲别出新意，以自为功名耳。此其为害已甚矣，又置提举常平广惠仓，使者四十余人使行新法于四方，先散青苗钱，次欲使比户出助役钱，次又欲更搜求农田水利而行之。所遣者虽皆选择才俊，然其中亦有轻佻狂躁之人，陵轹州县，骚扰百姓者，于是士大夫不服，农商丧业，谤议沸腾，怨嗟盈路，迹其本原，咸以此也。书曰："民不静，亦惟在王宫邦君室。"伊尹为阿衡，有一夫不获其所，若己推而内之沟中。孔子曰："君子求诸己。"介甫亦当自思所以致其然者，不可专罪天下之人也。夫侵官，乱政也，介甫更以为治术而先施之；贷息钱，鄙事也，介甫更以为王政而力行之；徭役，自古皆从民出，介甫更欲敛民钱顾市佣而使之。此三者，常人皆知其不可，而介甫独以为可。非介甫之智不及常人也，直欲求非常之功而忽常人之所知耳。夫皇极之道，施之于天地人，皆不可须臾离。故孔子曰："道之不明也，我知之矣。知者过之，愚者不及也。道之不行也，我知之矣。贤者过之，不肖者不及也。”介甫之智与贤皆过人，及其失也，乃与不及之患均。此光所谓用心太过者也。

自古人臣之圣者，无过周公与孔子。周公孔子亦未尝无过，未尝无师。介甫虽大贤，于周公孔子则有间矣。今乃自以为我之所见天下莫能及，人之议论与我合，则喜之；与我不合，则恶之，如此，方正之士何由进？谄谀之士何由远？方正日疏，谄谀日亲，而望万事之得其宜，令名之施四远，难矣。夫从谏纳善，不独人君为美也，于人臣亦然。昔郑人游于乡校以议执政之善否。或谓子产毁乡校，子产曰：“其所善者，吾则行之；其所恶者，吾则改之。是吾师也，若之何毁之？”薳子冯为楚令尹，有宠于薳子者八人，皆无禄而多马。申叔豫以子南观起之事警之，薳子惧辞八人者，而后王安之。赵简子有臣曰周舍，好直谏，日有记，月有成，岁有效。周舍死，简子临朝而叹曰：“千羊之皮，不如一狐之腋。诸大夫朝，徒闻唯唯，不闻周舍之鄂鄂，吾是以忧也。”子路人告之以有过则喜。酇文终侯相汉，有书过之史。诸葛孔明相蜀，发教与群下曰：“违覆而得中，犹弃弊蹻而获珠玉，然人心苦不能尽，惟董幼宰参书七年，事有不至，至于十反。”孔明尝自校簿书，主簿杨颙谏曰：“为治有体，上下不可相侵，请为公明以作家譬之，今有人使奴执耕稼，婢典炊爨，鸡主司晨，犬主吠盗，私业无旷，所求皆足。忽一旦尽欲以身亲其役不复付，任形疲神困，终无一成。岂其智之不如奴婢鸡狗哉？失为家主之法也。”孔明谢之。及颙卒，孔明垂泣三日。吕定公有亲近曰徐原，有才志，定公荐拔至侍御史。原性忠壮，好直言，定公时有得失，原辄谏争。又公论之人或以告定公，定公叹曰：“是我所以贵德渊者也。”及原卒，定公哭之尽哀，曰：“德渊，吕岱之益友，今不幸，岱复于何闻过哉？”此数君子者所以能功名成立，皆由乐闻直谏，不讳过失故也。若其余骄亢自用，不受忠谏而亡者，不可胜数，介甫多识前世之载，固不俟光言而知之矣。孔子称：“有一言而可以终身行之者，其恕乎。”诗云：“执柯伐柯，其则不远。”言以其所愿乎。上交乎下，以其所愿乎；下事乎上，不远求也。介甫素刚直，每议事于人主前，如与朋友争辩于私室，不少降辞气，视斧钺鼎镬无如也，及宾客僚属谒见论事，则唯希意迎合，曲从如流者，亲而礼之，或所见小异，微言新令之不便者，介甫辄艴然加怒，或诟詈以辱之，或言于上而逐之，不待其辞之毕也。明主宽容如此，而介甫拒谏乃尔，无乃不足于恕乎？昔王子雍方于事上，而好下佞己，介甫不幸亦近是乎？此光所谓自信太厚者也。

光昔者从介甫游，介甫于诸书无不观，而特好孟子与老子之言。今得君得位而行其道，是宜先其所美，必不先其所不美也。孟子曰：“仁义而已矣，何必曰利？”又曰：“为民父母，使民盼盼然将终岁勤动，不得以养其父母，又称贷而益之，恶在其为民父母也？”今介甫为政，首建制置条例司，大讲财利之事；又命薛向行均输法于江淮，欲尽夺商贾之利；又分遣使者散青苗钱于天下而收其息，使人愁痛，父子不相见，兄弟妻子离散，此岂孟子之志乎？老子曰：“天下神器不可为也，为者败之，执者失之。”又曰“我无为，而民自化；我好静，而民自正；我无事，而民自富；我无欲，而民自朴。”又曰：“治大国若烹小鲜。”今介甫为政，尽变更祖宗旧法，先者后之，上者下之，右者左之，成者毁之，矻矻焉穷日力继之以夜，而不得息。使上自朝廷，下及田野，内起京师，外周四海，士、吏、兵、农、工、商、僧、道，无一人得袭故而守常者，纷纷扰扰，莫安其居，此岂老氏之志乎？何介甫总角读书，白头秉政，乃尽弃其所学而从今世浅丈夫之谋乎？

古者，国有大事，谋及卿士，谋及庶人，成王戒君陈曰："有废有兴，出入自尔师虞，庶言同则绎。"诗云："先民有言，询于刍荛。"孔子曰："上酌民言，则下天上施；上不酌民言，则下不天上施。"自古立功立事，未有专欲违众而能有济者也。使诗书孔子之言皆不可信，则已若犹可信，则岂得尽弃而不顾哉？今介甫独信数人之言，而弃先圣之道，违天下人之心将以致治，不亦难乎。近者藩镇大臣有言散青苗钱不便者，天子出其议以示执政，而介甫遽悻悻然不乐，引疾卧家。光被旨为批答，见士民方不安如此，而介甫乃欲辞位而去，殆非明主所以拔擢委任之意，故直叙其事，以义责介甫，意欲介甫早出视事，更新令之不便于民者，以福天下。其辞虽朴拙，然无一字不得其实者。窃闻介甫不相识察，颇督过之，上书自辩，至使天子自为手诏以逊谢，又使吕学士再三谕意，然后乃出视事。出视事，诚是也，然当速改前令之非者，以慰安士民，报天子之盛德。今则不然，更加忿怒，行之愈急。李正言言青苗钱不便，诘责使之分析。吕司封传语祥符知县未散青苗钱，劾奏乞行取勘。观介甫之意，必欲力战天下之人，与之一决胜负，不复顾义理之是非、生民之忧乐、国家之安危，光窃为介甫不取也。光近蒙圣恩过听，欲使之副贰枢府，光窃惟居高位者不可以无功，受大恩者不可以不报，故辄敢申明去岁之论，进当今之急，务乞罢制置三司条例司，及追还诸路提举常平广惠仓使者。主上以介甫为心未肯俯从，光窃念主上亲重介甫，中外群臣无能及者，动静取舍唯介甫之为信。介甫曰可罢，则天下之人咸被其泽；曰不可罢，则天下之人咸被其害。方今生民之忧乐、国家之安危，唯系介甫之一言，介甫何忍必遂已意，而不恤乎？夫人谁无过，君子之过如日月之过，过也，人皆见之；更也，人皆仰之，何损于明？介甫诚能进一言于主上，请罢条例司，追还常平使者，则国家太平之业皆复其旧，而介甫改过从善之美，愈光大于日前矣，于介甫何所亏丧，而固不移哉？

光今所言，正逆介甫之意，明知其不合也。然光与介甫趣向虽殊，大归则同。介甫方欲得位以行其道，泽天下之民；光方欲辞位以行其志，救天下之民，此所谓和而不同者也。故敢一陈其志以自达于介甫，以终益友之义，其舍之取之，则在介甫矣。诗云："周爰咨谋。"介甫得光书，傥未赐弃掷，幸与忠信之士谋其可否，不可以示谄谀之人，必不肯以光言为然也。彼谄谀之人，欲依附介甫，因缘改法，以为进身之资，一旦罢局，譬如鱼之失水，此所以挽引介甫，使不得由直道行者也。介甫奈何徇此曹之所欲，而不思国家之大计哉。孔子曰："巧言令色，鲜矣仁。"彼忠信之士，于介甫当路之时，或龃龉可憎，及失势之后，必徐得其力。谄谀之士，于介甫当路之时，诚有顺适之快，一旦失势，必有卖介甫以自售者矣。介甫将何择焉？国武子好尽言以招人之过，卒不得其死，光常自病似之，而不能改也。虽然，施于善人，亦何忧之。有用是，故敢妄发而不疑也。

属以辞避恩命，未得请，且病膝疮，不可出，不获亲侍言于左右，而布陈以书，悚惧尤深。介甫其受而听之，与罪而绝之，或诟詈而辱之，与言于上而逐之，无不可者，光俟命而已。

王安石《答司马谏议书》

某启：昨日蒙教，窃以为与君实游处相好之日久，而议事每不合，所操之术多异故也。虽欲强聒，终必不蒙见察，故略上报，不复一一自辩。重念蒙君实视遇厚，于反复不宜卤莽，故今具道所以，冀君实或见恕也。

盖儒者所争，尤在于名实。名实已明，而天下之理得矣。今君实所以见教者，以为侵官、生事、征利、拒谏，以致天下怨谤也。某则以谓受命于人主，议法度而修之于朝廷，以授之于有司，不为侵官；举先王之政，以兴利除弊，不为生事；为天下理财，不为征利；辟邪说，难壬人，不为拒谏。至于怨诽之多，则固前知其如此也。

人习于苟且非一日，士大夫多以不恤国事，同俗自媚于众为善。上乃欲变此，而某不量敌之众寡，欲出力助上以抗之，则众何为而不汹汹然？盘庚之迁，胥怨者民也，非特朝廷士大夫而已。盘庚不为怨者故改其度，度义而后动，是而不见可悔故也。如君实责我以在位久，未能助上大有为，以膏泽斯民，则某知罪矣。如曰今日当一切不事事，守前所为而已，则非某之所敢知。

无由会晤，不任区区向往之至。

司马光书丹《王尚恭墓志铭》